Etapas

Libro del profesor

Etapa 1
Cosas

Nivel

A1.1

Edi numen

1.ª reedición: 2010
2.ª reedición: 2011

© Editorial Edinumen, 2011.
© Autoras: Anabel de Dios Martín y Sonia Eusebio Hermira.

ISBN: 978-84-9848-201-0
Dep. Legal: M-17205-2011

Coordinación editorial:
Mar Menéndez

Diseño de cubierta:
Carlos Casado

Maquetación:
Ana María Gil, Carlos Casado y Carlos Yllana

Ilustraciones:
Carlos Casado y Olga Carmona

Fotografías:
Archivo Edinumen

Impresión:
Gráficas Glodami. Coslada (Madrid)

Editorial Edinumen
José Celestino Mutis, 4.
28028 Madrid
Teléfono: 91 308 51 42
Fax: 91 319 93 09
e-mail: edinumen@edinumen.es
www.edinumen.es

ELEteca un espacio en constante actualización

Con EXTENSIÓN DIGITAL

Extensión digital de **Etapa 1**: consulta nuestra **ELEteca**,
en la que puedes encontrar, con descarga gratuita,
materiales que complementan este método.

La Extensión digital para el **profesor** contiene los siguientes materiales:

☐ Libro digital del profesor: introducción, guía del profesor, claves,
fichas fotocopiables, transparencias...

☐ Fichas de cultura hispanoamericana

☐ Resumen lingüístico-gramatical

Recursos del profesor:
Código de acceso
98482010
www.edinumen.es/eleteca

La Extensión digital para el **alumno** contiene los siguientes materiales:

■ Prácticas interactivas

■ Claves y transcripciones del libro de ejercicios

■ Resumen lingüístico-gramatical

Recursos del alumno:
Código de acceso
98481808
www.edinumen.es/eleteca

Introducción a Etapas

Etapas es un curso de español cuya característica principal es su **distribución modular** y **flexible**. Basándose en un enfoque orientado a la acción, las unidades didácticas se organizan en torno a un objetivo o tema que dota de contexto a las tareas que en cada una de ellas se proponen.

Características:

- **14 módulos** de **30 horas** correspondientes a los niveles A1, A2, B1 y B2 según las orientaciones del *Marco común europeo de referencia para las lenguas* (MCER) y su concreción en el nuevo *Plan curricular del Instituto Cervantes. Niveles de referencia* (PCIC).

- Cada módulo presenta la opción de acortarse, si se prescinde de las actividades opcionales que se incluyen, o ampliarse, si se aprovecha el material extra, y ajustarse así a las necesidades particulares de cada grupo.

Se ofrece en los siguientes **itinerarios**:

- Dos itinerarios estándar: **Etapas** y **Etapas Plus**, diseñado cada uno de ellos según una organización de contenidos y estructura específica.

- **Mis Etapas a medida:** los módulos se pueden adaptar a las distintas necesidades y contextos de aprendizaje combinándolos para obtener los manuales más adecuados a cada centro.

Más información: comercial@edinumen.es y www.edinumen.es/misetapasamedida

I. Estructura y organización de contenidos

Los contenidos de **Etapas** se materializan en módulos que siguen una secuencia estructurada, dosificada y adecuada al tiempo recomendado para su aprendizaje y asimilación.

Cada nivel de **Etapas** aporta al docente:

- unos contenidos y actividades fundamentales para trabajar en el aula, estructurados en bloques de 20 horas.
- unos contenidos y actividades con otras 20 horas extras de materiales:
  - **Actividades extras** incorporadas en el **Libro del profesor**.
  - Actividades de la Extensión digital en www.edinumen.es/eleteca, cuyo código de acceso figura en la página 2.
  - Actividades del **Libro de ejercicios**.

El profesor podrá decidir si desea trabajar con ellos a modo de refuerzo y complemento, o bien obviarlos en función del ritmo y necesidades de su grupo.

2. Las unidades didácticas, las tareas y las actividades

Las unidades de cada **Etapas** están organizadas en torno a un tema u objetivo final, que dota de coherencia y contexto a cada una de las actividades que las conforman, pudiendo así ofrecer al alumno espacios que le permitan **aprender español para usarlo**. Se proponen, así, tareas de aula ficticias (aprender **para usar**), pero no se olvida que la clase es una situación real con unos participantes que tienen una finalidad y que, por tanto, justifica la realización de actividades para la práctica y sistematización de contenidos lingüísticos (**aprender** para usar).

En **Etapas** las unidades contemplan, pues, los siguientes tipos de actividades:

- **Tareas**: actividades que permiten a los alumnos utilizar la lengua para conseguir un fin o resultado. En palabras del MCER: "Las tareas de aula de carácter 'pedagógico' se basan en la naturaleza social e interactiva del aula y en su inmediatez. En estas circunstancias, los alumnos acceden a participar en situaciones ficticias…". (**Aprender para la acción**).

- **Actividades de lengua** a través de interacciones orales y escritas, comprensiones auditivas, comprensiones lectoras, expresiones orales y escritas, con las que se pretende que el alumno sea capaz de conseguir las destrezas que el MCER determina para cada nivel en cada una de ellas. (**Aprender para usar**).

- **Actividades de aprendizaje** con las que se presentan y practican contenidos lingüísticos. (**Aprender**).

- **Actividades de reflexión** sobre el aprendizaje. (**Aprender a aprender**).

- **Juegos o actividades lúdicas.** (**Aprender divirtiéndose**).

3. La metodología

Como hemos podido ver, **Etapas** se basa en un **enfoque orientado a la acción**. Tiene una concepción comunicativa de la lengua y la creencia de que el aprendizaje es constructivo y significativo, y que infiriendo, deduciendo y relacionando formas y significados, usando y haciendo cosas con la lengua es como se aprende. El método o forma de conseguirlo dependerá de los gustos y estilos de aprendizaje de los alumnos: **Etapas** no sigue una metodología rígida y única. En **Etapas, Libro del profesor** se ofrecen alternativas, sugerencias y distintos itinerarios en las actividades, porque creemos que siempre es el profesor quien decide según las necesidades de sus alumnos. El **Libro de ejercicios** será utilizado por el alumno como apoyo a los contenidos de la unidad.

4. Los componentes

Cada nivel de **Etapas** se compone de:

- **Libro del alumno**, **Libro de ejercicios** en un volumen con **CD** de audiciones.

- En el **Libro del profesor** se incluyen, además de las sugerencias y explicaciones didácticas de las secuencias del **Libro del alumno**, las claves y transcripciones del **Libro del alumno** y del **Libro de ejercicios** y las fichas y material para transparencias que sirven al profesor para complementar y apoyar las explicaciones y actividades del **Libro del alumno**. El libro del profesor se encuentra también en formato electrónico con descarga gratuita en www.edinumen.es/eleteca (ver código de acceso en página 2).

- Los estudiantes pueden consultar las soluciones y transcripciones del **Libro de ejercicios** así como material complementario en la Extensión digital de Editorial Edinumen (www.edinumen.es/eleteca), de forma que este puede ser utilizado de forma independiente y autónoma, si los alumnos así lo desean.

Índice de contenidos

Etapa I: Cosas

Cosas del primer día

 Vamos a conocernos

En este epígrafe se presentan o repasan las fórmulas (preguntas y respuestas) para dar información personal. Como un nivel A1 puede estar formado por: estudiantes "principiantes absolutos" (sin conocimiento alguno sobre la lengua), "falsos principiantes" (no se enfrentan por primera vez al español y normalmente son capaces de dar información personal) o una mezcla de ambos, en este apartado proponemos dos itinerarios en la secuencia de actividades.

I.I. Esta primera actividad servirá para detectar el nivel real de los estudiantes. La actividad se hará en dos fases: empiece dando información únicamente sobre el nombre y nacionalidad. Escriba en la pizarra las palabras *Nombre:* _____ y *Nacionalidad:* _____ que aparecen en la ficha y preséntese a sus alumnos: "Hola, me llamo… y soy español"; después, complete la ficha que ha escrito en la pizarra con su nombre y nacionalidad. Sondee el nivel de los alumnos y pregunte a uno de ellos: "¿Y tú?". Los estudiantes intentarán imitar al profesor. Una vez que los estudiantes se hayan presentado de la misma manera, con ayuda y correcciones del docente, el profesor ampliará la información con la edad, el domicilio y las lenguas que habla. Escriba en la pizarra la información que falta en la ficha *(Edad, Domicilio, Lenguas)* y siga presentándose a la vez que va rellenando la información ("Tengo x años" –escriba la edad–, "Vivo en x" –escriba el nombre de la ciudad–, "Hablo x lenguas" –escriba las lenguas que habla)–. A continuación, pase a la actividad 1.2. En el caso de estar ante un nivel de conocimiento cero (principiantes absolutos), antes de pasar a la actividad 1.2., se sugiere completar el cuadro de la actividad 1.4. En función del nivel y tipo de alumnos, decida si complementa la información del *nombre* con el *apellido*. En ese caso, explíqueles que es el nombre familiar y que en español tenemos dos (familia del padre y familia de la madre). Si lo cree oportuno, deje este contenido para la siguiente unidad.

I.2. Divida la clase en tríos o parejas. Si no hemos hecho la actividad 1.4., se sugiere pedir a los alumnos, como sondeo, que recuerden cómo preguntamos por esa información. Decida si continúa con la actividad o si es necesario fijar las estructuras con el cuadro de 1.4.

I.3. Con esta actividad no se pretende enseñar a los alumnos las estructuras para presentar a una tercera persona. La finalidad es invitar a los estudiantes a que empiecen a utilizar sus estrategias de comunicación. Dependiendo del nivel de cada uno, de su personalidad, etc., la respuesta será diferente y será suficiente con que lean la información de las fichas que han completado.

I.4. **1.** te; **2.** eres; **3.** tienes; **4.** vives; **5.** hablas.

2 **Conocer a otras personas**

Conectarse a Internet para conocer a otras personas trata de ofrecer un contexto de comunicación en el que los objetivos funcionales y los contenidos lingüísticos que se presentan tengan una razón de ser. Los estudiantes de una lengua aprenden para usar, y desde esta concepción del aprendizaje (enfoque orientado a la acción) adoptamos y seguimos las directrices recomendadas en el *Marco común europeo de referencia* (MCER).

La actividad a través de Internet será, como tarea de aula que es, ficticia, pero permitirá a profesores y alumnos utilizar la lengua con unos objetivos concretos. La nueva clase estará formada por las personas de la clase y otros personajes que iremos conociendo a lo largo de las unidades. Estos nuevos compañeros serán otros hablantes hispanos, de manera que podremos presentar una realidad del español más amplia, y algunos invitados.

Dado el nivel de los alumnos, la dificultad está en explicar a los estudiantes la finalidad de la tarea. Proponemos hacerlo en una lengua común si el profesor lo considera oportuno y la realidad del aula lo permite. En caso contrario, ofrecemos la transparencia 1 como apoyo visual. Limítese a dar una explicación básica: "Vamos a conectarnos a Internet para conocer a nuevos compañeros. Los miembros de la nueva clase seremos nosotros y estas personas".

 Transparencia 1: *Nuevos compañeros.*

Le recomendamos crear un espacio para guardar las actividades que los alumnos vayan realizando. Decida el formato: carteles para colgar por la clase, portafolio en el que se vayan archivando las tareas...

2.1. Actividad de sondeo, que servirá de introducción para la siguiente. Se trata de presentar y situar geográficamente otros países donde se habla español para, posteriormente, centrarnos en los países de los compañeros hispanos. La imagen del mapa servirá de apoyo visual para dar las instrucciones de 2.2.2. y como excusa o razón para la enseñanza del alfabeto (2.2.1.). Introduzca las siguientes actividades diciendo: "¿De qué países son los nuevos compañeros? Vamos a descubrirlo. Primero, vamos a conocer el alfabeto en español".

El español no es lengua oficial en: Guyana, Surinam, Guayana francesa y Brasil. En Puerto Rico el español es oficial junto con el inglés.

2.2. y **2.2.1.** En la audición de 2.2.2. se deletrean los países de los nuevos compañeros. Por ello, antes de realizarla, muestre a los alumnos cómo se dice el alfabeto en español: lea la letra y pida a los estudiantes que repitan.

2.2.2. Los alumnos marcarán las letras que oigan para descubrir el país deletreado.

Muestre a los alumnos el material de la transparencia 2 para ejemplificar la instrucción de la actividad y diga: 1.º escuchamos *a* y la marcamos; 2.º *erre*; 3.º *ge*; 4.º *e*; 5.º *ene*; 6.º *te*; 7.º *i*; 8.º *ene*; 9.º *a*. Las letras esconden un país: *Argentina*. Es la nacionalidad de uno de los nuevos compañeros". Realice la actividad en dos partes: los alumnos, primero, escuchan y marcan las letras. Posteriormente, completan el nombre del país.

a. México; **b.** Colombia; **c.** Uruguay; **d.** Chile.

 Transparencia 2. *Países y nacionalidades.*

2.3. Actividad de vacío de información. Divida la clase en tríos y asigne a cada alumno una letra correspondiente a una ficha (A, B y C). Pídales que tapen las otras fichas. Se trata de hacer un ejercicio con el alfabeto español, al tiempo que aprenden nuevas nacionalidades y empiezan a desarrollar estrategias de aprendizaje: los alumnos, para resolver la actividad, se apoyarán en la similitud entre países y nacionalidades.

La dinámica es la siguiente: cada alumno deberá completar el nombre de los países que le faltan. Para ello, por ejemplo, el alumno A deletreará *Uruguay*, B y C escribirán en su cuaderno o en un papel la palabra que escuchan y después la escribirán en el lugar correspondiente de su ficha (al lado de la nacionalidad, *uruguayo/a,* en este caso). Y así sucesivamente. Ponga el primer ejemplo con los estudiantes: "El alumno A dice: u- erre-u-ge-u-a-y griega, los alumnos

B y C escriben en un papel u-r-u-g-u-a-y. Después B y C miran en la columna la nacionalidad (la palabra es similar al país: *uruguayo*) y escriben el nombre del país (*Uruguay*)".

Argentina: argentino/a; Uruguay: uruguayo/a; México: mexicano/a; Chile: chileno/a; Colombia: colombiano/a; Brasil: brasileño/a; Inglaterra: inglés/inglesa; Italia: italiano/a; Estados Unidos: estadounidense; Panamá: panameño/a; España: español/española; Alemania: alemán/alemana; Canadá: canadiense; Venezuela: venezolano/a; Japón: japonés/japonesa.

2.4. | **Actividad opcional.**

3 Conocer las profesiones de los compañeros

3.1. | Audición de escucha selectiva: se trata de que los alumnos discriminen únicamente la información que se les está pidiendo. Empezamos a desarrollar estrategias de escucha. Servirá, asimismo, como contexto para la siguiente actividad. Los estudiantes escribirán en el espacio de cada foto la letra correspondiente a la profesión.

Motive la actividad presentando a los compañeros hispanos: sus nombres y fotos. Enseñe las profesiones que aparecen debajo: asegúrese de que comprenden la imagen que está representando a cada profesión. Ponga la audición y haga el primer ejemplo con ellos.

1. e; **2.** b; **3.** a; **4.** c; **5.** d.

3.2. | Sistematice con los alumnos el exponente que utilizamos para preguntar por la profesión.

dedicas; Dónde.

3.3. | Actividad oral para practicar el contenido de 3.2. y conocer más a los compañeros.

3.4. | Esta escucha requiere una audición más detallada. Se trata de hacer una actividad para practicar los contenidos aprendidos hasta ahora. Si lo considera necesario, haga la actividad en dos fases: primero, pida a los alumnos que escriban los datos que nos dan los personajes mientras escuchan. Ponga el texto referido a Federico y explique (utilice la pizarra para dar la instrucción): "Por ejemplo, en la grabación de Federico, sabemos a) *nombre,* b) *edad,* c) *profesión*". Segundo, los alumnos, en parejas, escribirán las preguntas correspondientes.

1. a. ¿Cómo te llamas?, **b.** ¿Cuántos años tienes?, **c.** ¿A qué te dedicas?; **2. a.** ¿Cómo te llamas?, **b.** ¿A qué te dedicas?, **c.** ¿Dónde vives?; **3. a.** ¿Cómo te llamas?, **b.** ¿De dónde eres?, **c.** ¿Dónde vives?, **d.** ¿A qué te dedicas?; **4. a.** ¿Cómo te llamas?, **b.** ¿A qué te dedicas?, **c.** ¿Cuántos años tienes?, **d.** ¿Dónde vives?; **5. a.** ¿Cómo te llamas?, **b.** ¿A qué te dedicas?, **c.** ¿Cuántos años tienes?, **d.** ¿De dónde eres?

3.5. Los minidiálogos sirven como muestras de lengua para contextualizar las palabras señaladas y ayudar al profesor a su explicación. Son exponentes para saludar.

Diálogo 1: Hola, Qué; Diálogo 2: días, Encantada.

3.6. Actividad para seguir trabajando los contenidos aprendidos a lo largo de la unidad. Para realizarla se necesita saber los números, por eso si los alumnos tienen nivel cero y no conocen este contenido, la actividad se hará como final y servirá como repaso/sistematización de los contenidos aprendidos en la unidad. Reparta entre los alumnos las personalidades ficticias que ofrecemos en la ficha 1. Los alumnos se levantarán y preguntarán a sus compañeros sus nuevos datos (nombre, nacionalidad, edad, profesión, domicilio y lenguas) para poder encontrar a cada una de las personas a las que le corresponden los datos del cuadro de 3.6. En el espacio en blanco escribirán el nombre de la persona. Elija a la persona a la que le ha dado la tarjeta referida a Susan y haga con él el ejemplo para toda la clase: "*¿Cómo te llamas?, –Me llamo Susan, ¿De dónde eres?, –Soy inglesa.* Esta es una de las informaciones que necesitamos, entonces escribimos su nombre en el espacio en blanco de 3.6. (1) Es inglesa: *Susan*".

1. Susan; **2.** Sergio; **3.** Andrea; **4.** Paolo; **5.** Mao.

Ficha 1. *Personas.*

4 Comunicarse en la clase

En este epígrafe se presentan las preguntas y respuestas básicas de comunicación en la clase: preguntar por significados, por palabras, pedir que repitan, etc.

4.1. y **4.2.** La imagen muestra el contexto en el que se usan esas preguntas para ayudar al profesor a su explicación. Presente la imagen a la clase y sondee si conocen el vocabulario que está numerado. Aproveche el momento para enseñar las preguntas de ayuda que aparecen en la actividad 4.2.: "Cuando quiero saber el nombre de una palabra en español pregunto: *¿Cómo se dice x en español?*" (Haga repetir la frase a los alumnos). "Cuando quiero saber el significado de una palabra, pregunto: *¿Qué significa x?*" (Haga repetir la frase a los alumnos); etc.

dice, significa, por favor, por favor.

4.3. La práctica de las preguntas de comunicación en clase servirán también para aprender el léxico del aula. Se trata de que sean los propios estudiantes los que se enseñen el vocabulario unos a otros, mediante una actividad de vacío e intercambio de información.

La dinámica es la siguiente: divida la clase en parejas (A y B) y asigne a cada estudiante una letra (deberán tapar la otra ficha). El alumno A preguntará a su compañero cómo se dicen en español las imágenes que hay en su cuadro y que no tienen nombre. Para ello, señalará el dibujo en la imagen de 4.1. y preguntará: *¿Cómo se dice esto en español?*, el alumno B mirará su cuadro y contestará leyendo la palabra que tiene escrita encima de la imagen. Y así sucesivamente.

Lo mismo se hará en la segunda parte: el alumno A preguntará: *¿Qué significa folio?*, y el alumno B mirará su cuadro y le señalará el objeto en la imagen de 4.1. y viceversa.

4.4. Una vez realizada la actividad anterior, y como sistematización, escribirán el nombre de todas las palabras de la imagen de 4.1.

1. silla (la); **2.** mesa (la); **3.** puerta (la); **4.** pizarra (la); **5.** libro (el); **6.** boli/bolígrafo (el); **7.** cuaderno (el); **8.** diccionario (el); **9.** lápiz/lapicero (el); **10.** folio (el); **11.** papelera (la); **12.** carpeta (la); **13.** rotulador (el); **14.** borrador (el); **15.** ventana (la).

5 Jugar con los números

5.1. Dependiendo del nivel de los alumnos, el profesor decidirá hasta qué cifra enseñar.

5.2. **Actividad opcional:** en la audición se dicen unos números que marcan un itinerario. El alumno deberá seguirlo y, al final, tendrá una imagen en cada gráfico. Se realizará esta actividad solo si se han enseñando los números hasta el cien. Haga un ejemplo con los alumnos.

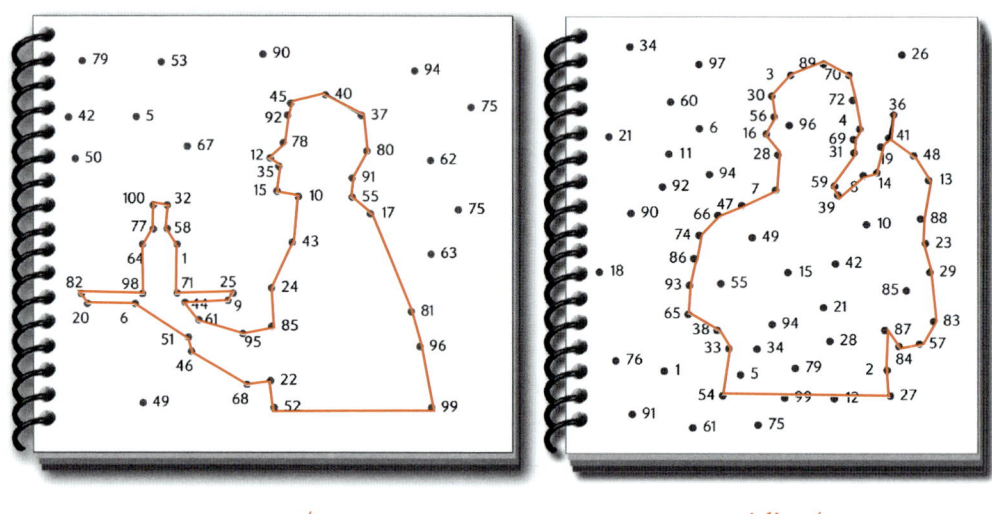

camarero/a   médico/a

5.3. En la grabación aparecen cifras altas. Realice la actividad solo si el conocimiento de los estudiantes lo permite.

a. 32 (treinta y dos); **b.** 896 (ochocientos noventa y seis); **c.** 58 (cincuenta y ocho); **d.** 31 (treinta y uno); **e.** 75 (setenta y cinco); **f.** 347 (trescientos cuarenta y siete); **g.** 129 (ciento veintinueve); **h.** 102 (ciento dos); **i.** 534 (quinientos treinta y cuatro); **j.** 25 (veinticinco).

Actividad extra. Ponga a los alumnos en parejas para hacer la siguiente actividad: el alumno A dice un número (24) y el alumno B lo escribe al revés (42). Decida el tiempo que quiere emplear.

Unidad 2

Cosas de familia

Etapa 1

1 Conocer a nuevos compañeros

1.1. Actividad de repaso de los contenidos de la unidad 1. Motive la actividad con la foto de Samuel y explique que es un nuevo compañero de Internet.

1. ¿Cómo te llamas?; **2.** ¿De dónde eres?; **3.** ¿Cuántos años tienes?; **4.** ¿Dónde vives?; **5.** ¿A qué te dedicas?; **6.** ¿Qué lenguas hablas?

1.2. Actividad de lectura selectiva. Para empezar a desarrollar las estrategias de lectura advierta a los estudiantes que no es necesario entender todas las palabras, sino seleccionar la información que necesitamos para resolver la actividad. Anímelos y haga un ejemplo con ellos, utilice la pizarra y escriba: *Trabajo en una escuela de lenguas como profesor de español y hablo perfectamente español*; explíqueles: "Solo necesitamos entender esto: ~~Trabajo en una escuela de lenguas como~~ profesor de español y hablo ~~perfectamente~~ español".

1. Samuel; **2.** español; **3.** 40; **4.** Madrid, calle del Pez; **5.** profesor; **6.** español, inglés y portugués.

2 Conocer a la familia de los compañeros

2.1. La actividad trata de desarrollar estrategias de aprendizaje, en este caso las de inferencia: a partir de la información que se les da en el árbol genealógico, los alumnos tratan de completar los espacios señalados con una letra. Se les ofrecen las palabras en un cuadro para evitar bloqueos o ansiedad, pero para resolver la actividad estas no son necesarias. El profesor decidirá, en función del grupo, si les ofrece esta ayuda o no.

Motive a los alumnos con la foto de la familia y pregúnteles: "¿Qué es?" (una familia) y "¿de quién creéis que es?" (de Samuel).

Aproveche la actividad, a partir de Samuel y de sus hermanos, para enseñar: *está casado/a, está soltero/a*.

b. madre; **f.** hermano; **g.** mujer/esposa; **i.** sobrino.

2.2. y **2.3.** En la grabación Samuel presenta a su familia. Servirá para presentar el léxico de la familia, que ya ha aparecido en 2.1., en primer lugar y, posteriormente, para introducir las estructuras que se utilizan para dar información sobre una tercera persona. La actividad de escucha, pues, se hará en varias fases: en la primera solamente corregirán la actividad 2.1. Una siguiente audición servirá para completar la información (actividad 2.3.). Preenseñe: *hermano mayor* y *hermano pequeño*.

1. Pablo; **3.** Esperanza; **4.** Mario; **8.** Héctor; **10.** Andrea.

2.4. Sistematización del nuevo léxico. Proyecte la transparencia 3 con la transcripción de la audición y utilícela también para corregir la actividad.

B. 1. El padre; **2.** La madre, La hija. **C. 1.** La mujer. **D. 1.** La prima. **E. 1.** La sobrina.

 **Transparencia 3.** *La familia.*

2.5. y **2.5.1.** Con esta escucha empezamos a introducir a los alumnos de manera inductiva las estructuras para presentar a una tercera persona. En un principio, pídales únicamente que relacionen la imagen con la persona a la que se refiere. Compruebe con ellos que interpretan correctamente las imágenes. Preenseñe: *ama de* casa y *cuñada.*

1. A, C, G; **2.** E, G; **3.** B; **4.** F; **5.** D; **6.** H.

Posteriormente, dirija la actividad 2.5.1. y complétela con toda la clase: es el momento en el que se están presentando los nuevos contenidos; dé todas las explicaciones necesarias.

1. A. Tiene 68 años. **C.** Es español. **G.** Vive en Madrid; **2. E.** Es médico. **G.** Vive en Madrid; **3. B.** Tiene 64 años; **4. F.** Es ama de casa; **5. D.** Vive en Sevilla; **6. H.** Es enfermera.

2.6. Sistematización de los nuevos contenidos. Ponga a los alumnos en parejas y con la información de la respuesta, anímeles a que infieran la pregunta. Corrija, posteriormente, la actividad.

1. ¿Cómo se llama?; **2.** ¿De dónde es?; **3.** ¿Dónde vive?; **4.** ¿Cuántos años tiene?; **5.** ¿A qué se dedica?

Si lo considera necesario, conjugue en la pizarra las tres primeras personas del singular de los verbos: *llamarse, ser, vivir, tener.*

Para hacer la actividad 2.7. enseñe a los alumnos los adjetivos posesivos.

2.7. Actividad en parejas.

2.8. **Actividad opcional**: se trata de hacer un juego de lógica. En los textos hay pistas que permiten relacionar la información de la columna de la derecha con los compañeros de internet (columna de la izquierda). Por ejemplo, en 1. Federico dice que está casado con Mathilda; en d. tenemos: *Mathilda tiene 26 años.* Por lo tanto, uniremos 1. d. Otro ejemplo: hay dos mujeres, Yanina nos dice que su marido se llama Diego. Por tanto, la información de a. *Mi marido se llama José María*, pertenece a 3., Gabriela. Ponga el ejemplo con los alumnos, ayudándose de la pizarra.

1. d, h; **2.** e, j, i; **3.** k, a, f; **4.** b, g; **5.** c.

2.9. **1.** ¿Dónde vive?; **2.** ¿Cuántos años tiene?; **3.** ¿Cómo se llama?; **4.** ¿Cuántos años tiene?; **5.** ¿De dónde es?; **6.** ¿Cuántos años tiene?; **7.** ¿Cómo se llama?; **8.** ¿A qué se dedica?; **9.** ¿De dónde es?; **10.** ¿Cuántos años tiene?; **11.** ¿A qué se dedica?.

2.10. Para encontrar la respuesta a las anteriores preguntas, reparta entre los alumnos las tarjetas que aparecen en la ficha 2, con la información sobre la familia de los compañeros hispanos. Pídales que escriban su respuesta primero. Los alumnos se levantarán y se preguntarán unos a otros para conseguir la información que necesitan para responder a las preguntas de 2.9.

 Ficha 2. *La familia de los nuevos compañeros.*

3 Conocer el físico de los compañeros

3.1. Actividad que desarrolla la estrategia para inferir significados. Los textos tratan de contextualizar el léxico utilizado para las descripciones. Con la información que muestran las fotos de Federico y de Yanina, las imágenes que tienen en la página siguiente y las palabras resueltas, los alumnos intentarán realizar la actividad. Muestre a los alumnos cómo deducir significados, por ejemplo: sabemos lo que es *joven*, pues *viejo* será lo contrario. Antes de hacer la actividad preenseñe el significado de las palabras *pelo* y *ojos*.

A. 1. rubia; **2.** moreno; **3.** castaño; **4.** pelirroja; **B. 1.** delgada; **2.** gordo; **3.** bajo; **2.** alto; **C. 1.** liso; **2.** rizado; **3.** largo; **4.** corto; **D. 1.** joven; **2.** viejo; **E. 1.** guapa; **2.** fea; **F. 1.** marrones; **2.** azules; **3.** verdes; **4.** negros; **G. 1.** blanco; **2.** negro; **3.** oriental.

3.2. **Actividad opcional. 1.** C; **2.** E; **3.** A.

3.3. Sistematización de los nuevos contenidos: pida a los alumnos que escriban la traducción del léxico en su lengua, así podrán utilizar el cuadro como un glosario. La actividad también le servirá para comprobar si recuerdan el significado de todas las palabras. Explíqueles que las palabras *gafas*, *bigote*, y *barba* pueden ir con los verbos *tener* y *llevar*.

3.4. Sugerimos que piense en Guillermo del Toro, porque su físico coincide con el de otros, y así será más difícil adivinarlo. Ponga un ejemplo: *¿Es moreno?* Después, distribuya a los alumnos en grupos para que hagan ellos otros ejemplos con otros personajes.

4 El carácter

4.1. Se sugiere trabajar con el diccionario porque el significado de este tipo de palabras es difícil de delimitar y precisar. Creemos que el alumno necesita encontrar la traducción en su lengua.

4.2. Sistematización de los nuevos contenidos: haga ver a los alumnos la diferencia de género y advierta de los adjetivos que son invariables.

soy, eres, es.

5 Un poco de fonética

5.1. y 5.2. La audición permite introducir a los alumnos el concepto de que hay letras en español que tienen distintas pronunciaciones. Se empieza por la letra *c*, para, posteriormente, ampliar la información a otros sonidos y letras con la actividad 5.2.

5.3. Ponga la audición dos veces y, entre una y otra, deje que los alumnos comprueben sus respuestas en parejas.

1. g; **2.** z; **3.** g; **4.** c; **5.** j; **6.** c; **7.** g; **8.** c; **9.** c; **10.** j; **11.** g; **12.** z; **13.** g; **14.** c; **15.** j; **16.** z; **17.** c; **18.** j; **19.** j; **20.** g; **21.** j.

5.4. Esta actividad puede ayudar a los estudiantes a identificar los sonidos en español.

Interpretar planos: ubicar y localizar

En este epígrafe se trabaja el léxico y estructuras necesarias (*hay, está*) para ubicar y localizar.

1.1. Motive a los alumnos con las imágenes, pregúnteles qué tienen en común y si ya saben cuál va a ser el tema de la unidad. Sondee si conocen el nombre de los establecimientos. Y el tipo de tienda que son todas ellas, qué productos se pueden comprar… En parejas tratarán de completar los espacios en blanco. La actividad sirve para introducir la actividad 1.2.

1. librería; **2.** restaurante/bar; **3.** banco; **4.** farmacia; **5.** floristería; **6.** hospital; **7.** bar; **8.** mercado/supermercado; **9.** perfumería; **10.** zapatería.

1.2. Contextualice la secuencia de actividades que vienen a continuación con la instrucción del ejercicio: "Gabriela va a visitar a su amiga Susana a Salamanca y Susana le describe cómo es su barrio: qué establecimientos hay, dónde están…". Deje que los alumnos se familiaricen con la imagen (preenseñe la palabra *quiosco*).

1.3. El objetivo de esta escucha es activar las estrategias de inferencia: los alumnos con la información que da Susana deberán completar los gráficos que muestran el significado de las locuciones preposicionales. Para ello, primero pídales que se fijen en el plano para que se familiaricen con los establecimientos del barrio. Después póngales la audición (en ella se han hecho pausas entre cada información para que los estudiantes tengan tiempo de resolver la tarea, pero si lo considera necesario, haga un intervalo mayor parando el reproductor) y pídales que miren primero el plano para localizar los establecimientos de los que se habla, y que, después, identifiquen la locución que han escuchado. Haga un ejemplo con toda la clase: "Susana dice: *La librería está en la calle Madrigal*", (pausa) "*El bar Edu está enfrente de la librería*" (pausa). "Por lo tanto, *enfrente de* se corresponde con la imagen 1". Preenseñe *a la derecha*.

1. enfrente de; **2.** al lado de; **3.** a la izquierda; **4.** entre; **5.** a la derecha.

1.4. y 1.4.1. Se trata, ahora, de enfrentar a los estudiantes a un texto que muestra una descripción completa de los exponentes necesarios para ubicar y localizar. Los alumnos participarán en él completando los espacios en blanco con las palabras que hasta ahora han aprendido. Haga la actividad en dos fases: para facilitarles la tarea de 1.4.1. y practicar el léxico de establecimientos aprendido, los alumnos primero completan el plano de 1.4.

1. farmacia; **2.** zapatería; **3.** bar; **4.** supermercado; **5.** banco; **6.** quiosco; **7.** restaurante.

Después, con la información que nos da el plano, resuelven el jeroglífico. Una vez hecha la actividad nos servirá como modelo de lengua para fijar y sistematizar los contenidos en 1.5. Preenseñe *todo recto*. Adviértales que las letras son los nombres de los establecimientos y los números las expresiones de ubicación.

a. farmacia; **1.** enfrente de; **b.** farmacia; **c.** banco; **2.** Al lado; **d.** banco; **e.** quiosco; **3.** Enfrente; **f.** quiosco; **g.** bar; **4.** Entre; **h.** bar; **i.** farmacia; **j.** zapatería; **k.** restaurante; **5.** a la izquierda; **l.** supermercado.

1.5. Actividad de reflexión lingüística sobre la diferencia *hay un/una – está el/la* en este contexto. Los espacios en blanco se completarán posteriormente con las preposiciones y locuciones de 2.4.

1.6. Actividad de vacío de información con la que los alumnos producirán los contenidos aprendidos hasta ahora. Secuencie las instrucciones de la actividad: asigne a cada alumno una letra y, por tanto, una actividad (A y B); adviértales que no pueden mirar la otra parte. Pida que cada uno sitúe en el plano, en el color correspondiente, sus establecimientos. Una vez completado el plano, póngalos en parejas (A y B) y adviértales que la flecha indica el punto de referencia para dar las instrucciones. Ya pueden realizar la segunda parte de la actividad: preguntar por los establecimientos que se les señala en su actividad y contestar a su compañero.

2 Conocer la casa de los compañeros

La secuencia de actividades 2.1., 2.2., 2.3. y 2.4. trata de presentar a los estudiantes de forma dosificada el léxico de la casa. El contexto comunicativo continúa siendo la visita de Gabriela a Susana. Ya conoce su barrio, ahora su casa.

2.1. La tarea de la audición de 2.2. sirve de excusa para contextualizar y presentar los nombres de las habitaciones de una casa. Antes de escuchar la grabación, es conveniente que el profesor repita en alto las palabras. Las imágenes son explícitas, pero para comprobar que todos los estudiantes han comprendido el significado del vocabulario se ofrece la transparencia 4, en la que hay un plano de una casa. Se pedirá a la clase que identifique cada una de las habitaciones; esto servirá también para que los alumnos repitan en alto el vocabulario recién aprendido.

 Transparencia 4. *Las habitaciones de Susana.*

2.2. Casa 1.

2.3. La memorización de una lista de palabras puede resultar aburrido y, por tanto, un inconveniente para el aprendizaje. Se propone por ello que los alumnos participen en la presentación del vocabulario: se trata de invitarles a que, en parejas, se aventuren con las palabras. Para corregir la actividad el profesor se las dictará.

Dormitorio: **1.** cama, **2.** armario, **3.** mesilla. Salón: **4.** mesa, **5.** silla, **6.** sofá, **7.** sillón, **8.** mueble de salón, **9.** televisión, **10.** DVD. Cocina: **11.** lavadora, **12.** frigorífico, **13.** vitrocerámica, **14.** lavavajillas, **15.** horno. Baño: **16.** lavabo, **17.** bañera, **18.** ducha, **19.** taza de váter, **20.** espejo. Estudio: **21.** mesa de estudio, **22.** silla de estudio, **23.** estantería.

Se recomienda, antes de pasar a la siguiente actividad, hacer con los alumnos algunas de las siguientes actividades de la unidad 3 del *Libro de ejercicios*: 5, 6, 7, 8 ó 9.

2.4. La actividad tiene varios objetivos: enseñar nuevas preposiciones de ubicación, presentar, contextualizado, más vocabulario de la casa y desarrollar estrategias de aprendizaje involucrando a los estudiantes en la fase de enseñanza. Tendrán que explicarse unos a otros las palabras nuevas que, a través de la imagen y de los textos, han aprendido cada uno. Para ello, utilizarán todos los recursos y estrategias de comunicación de los que sean capaces.

La actividad se realizará en dos fases: primero asigne a cada alumno una letra (A, B), y pídales que, individualmente o en parejas (AA-BB), lean la descripción de las habitaciones de su actividad. Los alumnos, con la descripción, tienen que identificar en la imagen el objeto subrayado. Segundo, divida la clase en parejas (A y B) y pídales que describan a su compañero las habitaciones sin decir de qué habitación se trata para que su compañero la adivine. Pídales también que expliquen los objetos nuevos aprendidos. Pueden utilizar dibujos para ayudarse en la descripción-explicación.

Al final de la actividad, dígales que escriban las nuevas locuciones prepositivas en el cuadro de 1.5.

encima de; en; debajo de...

3 | Intercambio de casas: los estados de ánimo y físicos

A partir de una situación real (intercambio de casas) y de un medio de comunicación habitual (la escritura de correos electrónicos) se presentarán los estados físicos y anímicos. La finalidad es que al tiempo que aprenden una función comunicativa (Expresar estados físicos y anímicos) desarrollen las destrezas comunicativas de lectura y escritura a través de dos tipos de textos: anuncios y correos.

3.1. Con esta actividad introduciremos la siguiente (textos de personas que solicitan intercambios de casa): solo interesa que el alumno entienda el titular. Motive la actividad con la imagen y pregunte a los estudiantes si conocen esa fórmula de vacaciones. Para la explicación, ayúdese de un ejemplo: "En agosto yo voy a tu casa y tú vienes a la mía. Así no tenemos que pagar un hotel".

3.1.1. Los emoticonos que habitualmente se utilizan en la comunicación a través de Internet, y con los que la mayoría de los estudiantes están familiarizados, nos servirán de motivación y excusa para presentar el vocabulario de los estados de ánimo.

La primera parte de la actividad es una lectura selectiva: pida a los estudiantes que seleccionen de los correos electrónicos la información necesaria para completar los anuncios. Adviértales que no es importante comprender todas las palabras, pero si lo considera necesario, preenseñe: *mudarse* y *alquilar*.

Anuncio 1: **a.** París; **b.** Barcelona; **c.** abril; **d.** julio; **e.** penf@yahoo.com
Anuncio 2: **a.** Roma; **b.** España; **c.** 1 de julio; **d.** 31 de julio; **e.** haleg@hotmail.com

3.2. Pregunte a sus alumnos si ellos utilizan emoticonos (muéstreles el material y señálelos) y para qué se utilizan. Trate de llegar a la siguiente explicación: "Usamos esos símbolos para mostrar cómo estamos y cómo nos sentimos". Resuelva la actividad en grupo clase y ayúdese de la mímica para complementar la información que muestra la imagen.

1. c; **2.** e; **3.** b; **4.** a; **5.** d.

Por si los alumnos le preguntan, tenga en cuenta que el adjetivo *aburrido* salió en la unidad 2 para describir personalidad y, por tanto, se usó con el verbo *ser*.

3.3. Dirija la actividad de reflexión. Explíqueles que las anteriores palabras son estados de ánimo (cómo nos sentimos, cómo estamos) y que las utilizamos con el verbo *estar*. Advierta del cambio de género y número. Hágales ver que *triste* es invariable en género.

a. estar; **b.** estoy; **c.** estás; **d.** está; **e.** estamos; **f.** estáis; **g.** están.

3.4. y **3.4.1.** | **Actividad opcional.** Se trata de que los alumnos reconozcan los estados de ánimo que reflejan las situaciones de la grabación y recuerden cómo se dicen en español. Mediante la competición se intenta motivar y dar ritmo a la actividad.

1. enfadado; **2.** contento; **3.** nervioso/estresado; **4.** triste; **5.** nervioso; **6.** triste.

3.5. La comicidad del anuncio permite incluir en la clase un aspecto importante en el aprendizaje: el elemento lúdico. A partir de él, presentaremos los estados físicos. Motive la actividad con la imagen ("¿Qué es?, un mando a distancia, ¿para qué sirve?") y, a partir de los símbolos o iconos, sondee a los estudiantes y hágales las siguientes preguntas para crearles el concepto, antes de darles la forma: "¿Cuándo necesitamos el aire acondicionado? ¿Cuándo queremos beber?", etc. Es el momento de introducir la siguiente actividad: para saber cómo se expresan esas necesidades vamos a escuchar las instrucciones del robot.

3.5.1. Anime a los estudiantes a que intenten copiar el estado de ánimo a partir de la grabación. Ponga la grabación dos veces y haga pausas si lo considera necesario. Resuelva con ellos el primer ejemplo.

1. Tengo frío; **2.** Tengo calor; **3.** Tengo sed; **4.** Tengo hambre; **5.** Tengo miedo; **6.** Tengo sueño.

3.6. Actividad de reflexión lingüística.

a. tener, **b.** tengo; **c.** tienes; **d.** tiene; **e.** tenemos; **f.** tenéis; **g.** tienen.

3.7. Pictionary: proponemos la siguiente dinámica, pero elija otra si lo considera mejor.

Distribuya la clase en dos grupos y divida la pizarra en dos partes mediante una línea vertical. Pida a una persona de cada grupo que salga a la pizarra, muéstreles una tarjeta con la palabra escrita para que los alumnos la dibujen y su equipo la adivine (por ejemplo: *está contento*). Los dos alumnos, al tiempo, dibujarán el estado físico o anímico que represente la tarjeta. El grupo que antes adivine el dibujo de su compañero de equipo, recibe un punto. Así sucesivamente. Decida el tiempo que quiere dedicar a esta actividad.

4 Recordar

4.1. **Respuesta libre.** Explíqueles a los alumnos que van a elaborar un test de conocimientos sobre las tres primeras unidades para hacer a sus compañeros. La actividad tiene cuatro fases:

1.º Individualmente, los alumnos completan, mirando sus apuntes y unidades, los ocho epígrafes del ejercicio.

2.º Distribuya la clase en parejas o tríos y pídales que elaboren un ejercicio para cada epígrafe, para después pasárselo a los otros grupos. Dígales qué tipo de actividades pueden elaborar, haga con ellos los siguientes ejemplos para que les sirvan como modelos.

Tipos de actividades:

A. Contestar a preguntas: *a) ¿Cómo te llamas?; b) Mira este plano* (dibújelo) *y contesta: ¿Dónde está el supermercado?...*

B. Contrarios: *alto- ....*

C. Completar espacios en blanco: *¿Cómo .... "pen" en español?*

D. Describir imágenes: *Mira este dibujo de mi hermano y describe cómo es.*

3.º Mezcle las parejas para resolver el cuestionario que han hecho los compañeros. Mientras los alumnos hacen la actividad, circule entre ellos y tome nota de los errores generales y de los problemas que advierta.

4.º Haga una puesta en común de las notas que ha tomado.

Si le queda tiempo, repase contenidos con alguna de las actividades del *Libro de ejercicios*, o haga algunas de las actividades opcionales anteriores que no hizo en su momento.

1 El tiempo libre: ir al bar

La finalidad del epígrafe es introducir vocabulario relacionado con el tiempo libre, que posteriormente se utilizará para la función Expresar gustos.

1.1. y 1.1.1. Se propone en 1.1.1. una actividad para presentar o recordar los días de las semana. El calendario de 1.1. sirve para introducir la actividad. Reparta entre los alumnos las tarjetas de la ficha 3 (hay 6 tarjetas, dependiendo del número de estudiantes que haya en clase se le dará una a cada uno o se dividirá la clase en parejas y se entregará una tarjeta por pareja). Primero, cada alumno (o pareja) completará el hueco en blanco del calendario de 1.1. con la información que se le ha entregado. Posteriormente, se levantarán para buscar el resto de la información entre los compañeros. Para ello pueden preguntar: *¿Qué día es hoy?* Y el compañero contestará: *Hoy es miércoles 21*, por ejemplo.

1. lunes; **2.** martes; **3.** miércoles; **4.** jueves; **5.** viernes; **6.** sábado; **7.** domingo.

Ficha 3. *¿Qué día es hoy?*

Para corregir la actividad, haga una puesta en común. Interesa, entonces, y a partir del calendario y del fin de semana, crear el concepto del tiempo libre para introducir la siguiente actividad (1.2.): "Vamos a hablar de una actividad que podemos hacer los fines de semana, cuando tenemos más tiempo libre: ir al bar".

1.2. Aprovechamos el tema de la unidad (tiempo libre) para presentar los exponentes y el vocabulario necesario para desenvolverse en un bar.

La finalidad de esta primera actividad es comprobar el grado de conocimientos que los estudiantes tienen. Se acompaña la transparencia 5 con la imagen. Proyéctela y motive a los estudiantes creando la situación del bar; pregúnteles si conocen cómo se llaman los objetos señalados, pero, de momento, no les dé la solución.

Transparencia 5. *El bar.*

1.2.1. Antes de hacer la actividad es conveniente que el profesor compruebe que los alumnos recuerdan el significado de las preposiciones y locuciones de lugar (*encima de, enfrente de, al lado de, a la izquierda, a la derecha*). También es importante que decida si quiere presentar todo el vocabulario que se le propone o seleccionar, dependiendo del grupo, aquel que considera más importante. En ese caso puede tachar de la transparencia las palabras no seleccionadas, de esta manera el estudiante no tendrá que trabajar activamente con ese léxico, lo que significa menor esfuerzo para él, y podrá concentrarse en las palabras que sí debe aprender.

Divida la clase en parejas y pídales que con las instrucciones que se les dan, identifiquen en la imagen de 1.2. las palabras a las que se refieren y las escriban en el espacio en blanco.

1. camarero; **2.** cuchara; **3.** taza; **4.** copa; **5.** vaso; **6.** servilletas; **7.** plato; **8.** taburete; **9.** cliente; **10.** tenedor; **11.** palillos; **12.** cuchillo.

I.2.2. En la grabación, un grupo de amigos está jugando a las adivinanzas: uno describe una palabra y el resto la adivina. Se trata de que los alumnos corrijan con la audición la actividad 1.2.1., al tiempo que desarrollan la escucha selectiva: deberán concentrarse solamente en la palabra para poder comprobar su respuesta. También les servirá de modelo para la siguiente actividad.

> Un ejemplo de lo que aparece en la grabación:
>
> **1.** ▷ Es una persona que trabaja en el bar, está detrás de la barra.
> ▶ Mmm, ¡el camarero!
> ▷ Muy bien.

I.2.3. Esta actividad "obliga" a los alumnos a la producción del léxico que acaban de aprender y les activa estrategias de compensación, al tener que describir o definir la palabra sin decir el nombre.

> Las estrategias de compensación son aquellas que utilizamos cuando, al no saber el nombre exacto de la palabra, la expresamos dando un rodeo, haciendo circunloquios, parafraseando, etc.

I.3. La actividad es un diálogo pautado con el que se presentarán los exponentes básicos de la función *ir al bar*. Las pautas funcionan como guía para, por un lado, comprobar el nivel de conocimientos de los alumnos sobre el tema y, por otro, como ayuda al profesor y al alumno para explicar el significado del exponente. Con ellas se crea la necesidad comunicativa en el estudiante.

La lista de precios ofrece las imágenes (bocadillo, ración...), de esta forma se está utilizando un material "real" para desarrollar la estrategia de inferencia. Proyecte la transparencia 6 con la lista de precios para hacer conscientes a los alumnos de esta estrategia: empiece con la palabra *hamburguesa* (es la palabra que probablemente, por similitud con el inglés, reconozcan más fácilmente), señálela y hágales ver que la imagen representa una hamburguesa. A continuación, pregúnteles: "¿Qué es esto?" y señale, por ejemplo, la imagen del bocadillo; los alumnos inferirán y dirán *bocadillo*.

> Las estrategias de inferencia léxica son aquellas que utilizamos frecuentemente en la vida real para, a partir de nuestros conocimientos del mundo, deducir significados y resolver situaciones de comunicación. Habitualmente nos apoyamos en las imágenes, en la situación, en el contexto. En este caso, el conocimiento del mundo de los estudiantes les hace relacionar la imagen de la lista de precios con el nombre de la comida o bebida que está al lado o debajo de la imagen.

 Transparencia 6. *¿Qué comemos?*

Los alumnos, en parejas, intentan resolver la actividad. Haga un ejemplo con ellos. Corrija la actividad en grupo clase y aproveche para dar las explicaciones necesarias. Para ello, puede apoyarse en el cuadro de reflexión de la actividad 1.4.

a. buenas tardes; **b.** Buenas tardes; **c.** tomar; **d.** café; **e.** cerveza; **f.** comer; **g.** pincho de tortilla; **h.** un bocadillo de jamón; **i.** más; **j.** es; **k.** 7,45€.

I.4. Sistematización y reflexión de los exponentes para desenvolverse en el bar.

1.5. La sistematización del vocabulario pretende continuar desarrollando la estrategia de inferencia léxica. Los alumnos resuelven la actividad a partir de la lista de precios de la actividad 1.3., además de utilizar sus conocimientos previos. Pídales que escriban solo lo que conocen y que dejen en blanco lo que no saben. En 1.5.1. escucharán una audición para corregir la actividad.

Comidas: **1.** pincho de tortilla; **2.** bocadillo de jamón; **3.** bocadillo de queso; **4.** bocadillo de chorizo; **5.** sándwich mixto; **6.** sándwich vegetal; **7.** ración de calamares; **8.** ración de gambas; **9.** ración de patatas con salsas; **10.** perrito caliente; **11.** hamburguesa.
Bebidas: **1.** zumo de piña; **2.** zumo de naranja; **3.** zumo de melocotón; **4.** refresco de limón; **5.** Coca-Cola; **6.** café con leche; **7.** vino tinto; **8.** vino blanco; **9.** cerveza.

1.5.1. Ponga la audición para que los alumnos corrijan la actividad anterior, pare la grabación en aquellas palabras que los alumnos no conocían y preséntelas; ayúdese de las imágenes.

Para practicar el vocabulario ofrecemos el juego del dominó en la ficha 4.

Descripción del material: diecisiete piezas del dominó, divididas en dos partes: en una aparece una imagen y en otra una palabra escrita.

Instrucciones del juego: se reparten, boca abajo, todas las piezas del dominó entre los jugadores. Un jugador comienza poniendo en el centro de la mesa una ficha (por ejemplo, la que tiene dibujado el zumo de naranja en una parte y *ración de calamares*, en la otra). El siguiente jugador deberá poner otra pieza, a la derecha o a la izquierda; la ficha de la derecha deberá tener la palabra escrita de la imagen (*zumo de naranja*) y la ficha de la izquierda será la que tiene la imagen de la ración de calamares. El siguiente jugador continuará poniendo otra pieza, a la derecha o a la izquierda. Siempre se debe casar una imagen con su palabra, o una palabra con su imagen. Así hasta que un jugador haya terminado todas sus fichas. Si un jugador no tiene ficha para poner, pierde el turno y pasa al siguiente.

Ficha 4. *Dominó del bar.*

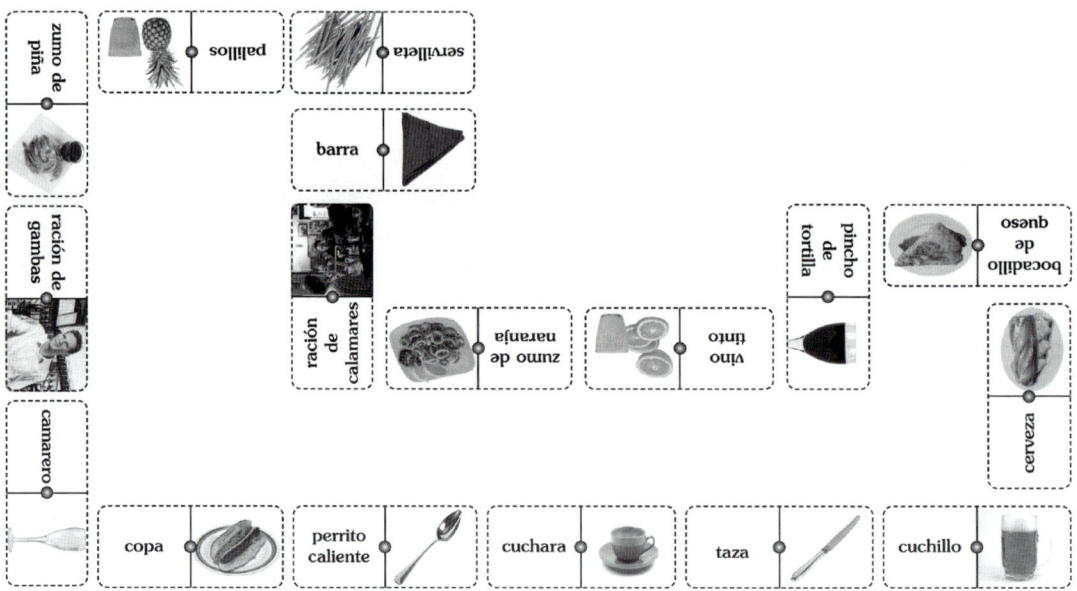

1.6. **1.** Buenos días; **2.** Buenos días; **3.** ¿Qué quieren tomar?; **4.** Un café; **5.** Para mí, un té; **6.** ¿Van a comer algo?; **7.** No, gracias; **8.** ¿Cuánto es?; **9.** Son 2,50 €.

1.7. Divida la clase en parejas para hacer la actividad.

2. Conocernos más: nuestro tiempo libre

2.1. y 2.1.1. Las imágenes sirven para crear el concepto e introducir el vocabulario. Resuelva la actividad en grupo clase. Decida, en función del nivel concreto de su grupo, si quiere presentar más vocabulario: puede hacerlo con dibujos o mímica.

1. Escuchar música; **2.** Ir de compras; **3.** Salir con amigos; **4.** Ir al cine; **5.** Jugar a la videoconsola; **6.** Leer; **7.** Ir a casa de amigos; **8.** Jugar al tenis; **9.** Ir al campo; **10.** Conectarse al Messenger; **11.** Cenar/Comer en un restaurante; **12.** Hacer deporte.

2.1.2. Sistematización del vocabulario aprendido. Divida la clase en parejas para resolver la actividad. Haga una corrección en grupo clase.

ir; jugar; hacer; comer/cenar; salir; escuchar; leer; ver; conectarse.

2.2. **Actividad opcional**. En la audición se "cantan" las actividades de tiempo libre correspondientes a las imágenes de un cartón, y los alumnos deberán adivinar qué cartón es el que tiene todas las actividades "cantadas". Para ello divida la clase en parejas, ponga la audición y pídales que marquen en los tres cartones las actividades que escuchen. Gana la pareja que haya hecho bien la actividad y haya descubierto cuál es el cartón ganador.

2.2.1. Cartón B.

Alternativa: hacer un bingo de la manera tradicional. Divida la clase en parejas y adjudique a cada una un cartón, lleve metidas en una bolsa las imágenes de las actividades de 2.1.2., que aparecen en la ficha 5, pida a un alumno que coja un papel y diga la actividad que representa la imagen. Cada estudiante buscará en su cartón para ver si tiene la imagen correspondiente a la actividad leída. Si es así, la marcará con una cruz. Así sucesivamente hasta que un alumno tenga todo el cartón marcado, que será cuando haya hecho bingo.

 **Ficha 5.** *Bingo.*

3. Conocer los gustos de los compañeros

Con este epígrafe se empieza a introducir a los estudiantes de forma dosificada la morfología del verbo *gustar*, que se ampliará en la unidad 6, de la Etapa 2. En esta lección se trabajará únicamente con la información que en este nivel el alumno puede producir, y se hará mediante una secuencia de actividades de gramática inductiva: las actividades 3.1, 3.1.1., 3.2.y 3.2.1. sirven para ofrecer a los estudiantes, antes de la reflexión, muestras de lengua para la sistematización de 3.3.

3.1. Las imágenes del cuadro (gustos positivos y negativos de Gabriela y de su familia) sirven para introducir el concepto del verbo *gustar*. En este primer momento compruebe solamente que el estudiante entiende el significado de "actividades que a Gabriela y a su familia les gustan y no les gustan. ¿Qué cosas puede hacer la familia junta?" y paraséelo: "Actividades que Gabriela y su familia hacen en su tiempo libre".

3.1.1. Los mensajes son modelos textuales y muestras de lengua. Una vez que en 3.1. se les ha introducido el concepto de los gustos, en los textos deberán subrayar el verbo que usan para expresarlos.

Gabriela: A mí me gusta ir, no me gusta jugar. **José María:** me gusta mucho escuchar, me gusta ir, no me gusta jugar. **Marta:** me gusta ir, no me gusta pasear.

3.2. Seguimos con otra actividad de gramática inductiva: a partir de los ejemplos de los ejercicios 1, 2 y 3, los estudiantes deberán buscar por la clase a una persona, mínimo, a la que le gusten las actividades o alimentos que reflejan las imágenes. Utilice los ejemplos para explicar la diferencia entre *gusta* (con verbos y nombres en singular) y *gustan* (con nombres en plural), y el cambio de pronombre (*te* para la pregunta, *me* para la respuesta). Una vez que ha quedado claro, los estudiantes se levantarán por la clase y preguntarán: *¿Te gusta escuchar música?* Si la respuesta del compañero es *Sí, sí me gusta*, escribirán su nombre en el espacio en blanco. Si la respuesta es *No, no me gusta*, deberán buscar a otro compañero. Así con las ocho imágenes.

3.2.1. Con la información que han obtenido los estudiantes completan los espacios en blanco con los nombres de los compañeros. Con esta actividad, los estudiantes ya tienen muestras de lengua para poder realizar la actividad de reflexión gramatical siguiente.

3.3. Haga que los alumnos se fijen en el uso de los pronombres, el cambio singular/plural del verbo y la necesidad de utilizar el artículo determinado con los sustantivos.

me, te, le; gustan; el, los, las.

3.4. **Actividad opcional.** Serán necesarias dos audiciones. Es conveniente advertir a los estudiantes que la finalidad no es entender toda la grabación; será suficiente con seleccionar la información que necesitan para completar la tabla. Mientras escuchan, anímelos a que solamente tomen notas de la forma en la que ellos prefieran (en su lengua, con una palabra...). Antes de la corrección en grupo clase, póngalos en parejas para que comprueben sus resultados y completen la tabla a partir de sus notas.

3.4.1. **a.** (ir a) comer hamburguesas; **c.** ir al cine; **d.** hacer deporte; **e.** ir al cine; **g.** ir al parque; **j.** hacer deporte; **l.** (jugar al) tenis; **ñ.** leer; **p.** hacer deporte.

3.5. Si lo considera necesario, puede guiar más la actividad escribiendo en la pizarra, ayudado por los alumnos, los "objetos" sobre los que pueden preguntarse, clasificándolos en comida, bebida, actividades de tiempo libre, pasatiempos, aficiones, etc.

Cosas cotidianas

Etapa 1

 ## Jugar con los meses del año y las horas

En este epígrafe trabajaremos con los meses del año y las horas, contenidos necesarios para el tema de la unidad: *expresar hábitos.*

1.1. Actividad para repasar/aprender los meses del año. Divida la clase en parejas. Los alumnos, con sus conocimientos del mundo (similitudes de las palabras con otras lenguas), los previos y las ayudas de la actividad, pueden intentar resolverla. Corrija la actividad en grupo clase.

enero, febrero, marzo, abril, mayo, junio, julio, agosto, septiembre, octubre, noviembre, diciembre.

1.2. Las horas en la grabación están contextualizadas en pequeños diálogos. Se trata, una vez más, de escucha selectiva para intentar que los alumnos activen y desarrollen el aprendizaje a través de la escucha; una estrategia que les irá facilitando su autonomía con la inducción de reglas. Antes de la corrección, en grupo clase, deje que los alumnos comparen sus respuestas en parejas. Si lo considera necesario, ponga la audición dos veces.

1. y; **2.** y cuarto; **3.** menos cuarto; **4.** menos; **5.** siete; **6.** y.

1.3. A partir de la actividad anterior, deje que los alumnos, en parejas, resuelvan la actividad. Corrija en grupo clase.

menos cuarto; y cuarto; y media.

 ## Conocer los hábitos de los compañeros

En este epígrafe se presentará la morfología del presente de indicativo. A partir de aquí la unidad se centrará en este contenido.

Como **tarea final de las cinco unidades** proponemos hacer un folleto-presentación de los nuevos compañeros de Internet: los alumnos pueden diseñar la forma y cómo quieren distribuir la información. En él aparecerá el nombre y toda la información que tienen sobre los nuevos compañeros (recordar con la transparencia 1). El título del folleto será: **"La nueva clase de español"**.

2.1. Divida la clase en parejas. La actividad trata de desarrollar estrategias de aprendizaje (con la información del texto y la imagen, el alumno puede intentar deducir e inferir el significado de los verbos), pero si lo considera necesario, dependiendo del grupo, utilice las imágenes que se ofrecen en la transparencia 7 para presentarles el vocabulario de los verbos antes de enfrentarlos al texto. Proyéctela, vaya señalando las imágenes una a una y pregúnteles si saben cómo se dicen esas acciones en español. Si nadie responde, dígalas usted; pida que las repitan. Dígales que, de momento, no es necesario que las copien. Ahora ya pueden hacer la actividad. La lectura les servirá en este caso para consolidar el léxico y ofrecerles inductivamente algunas personas del presente de indicativo, a partir de las cuales completarán el cuadro de reflexión de 2.2.

Advierta a los estudiantes, en cualquier caso, que en el texto hay vocabulario nuevo, diferente al de los verbos, pero que este no significa un problema para entender el mensaje: anímelos a que prescindan de todo lo que no es relevante.

Corrija la actividad en grupo clase y aproveche, si lo considera oportuno, para mostrarles la forma coloquial que, en los correos electrónicos, se usa como despedida: *salu2 a to2*.

Salu2 a to2: *saludos a todos*. (El número 2 representa a la sílaba *dos*).

Transparencia 7. *Qué día.*

Las imágenes aparecen en este orden: **1.** levantarse; **2.** ducharse; **3.** desayunar; **4.** salir de casa; **5.** Empezar; **6.** coger el tren; **7.** terminar; **8.** volver a casa; **9.** comer; **10.** escribir; **11.** ir a la compra; **12.** hacer yoga; **13.** estudiar; **14.** cenar; **15.** acostarse.

a. 2; **b.** 13; **c.** 10; **d.** 1; **e.** 3; **f.** 8; **g.** 9; **h.** 7; **i.** 12; **j.** 4; **k.** 15; **l.** 11; **m.** 5; **n.** 6; **ñ.** 14.

2.2. Pídales que completen únicamente los espacios en blanco de la conjugación regular del presente de indicativo y las formas irregulares de *empezar* y *volver*. Después, en grupo clase, corrija la actividad con la transparencia 8.

Para hablar de las partes del día: mañana, tarde, noche. Para situar acciones en el tiempo: a las, Después, salir.

Transparencia 8. *El presente de indicativo.*

2.3.

a	b	g	e	j	m	v	u	e	l	v
e	a	i	v	o	l	v	e	m	o	s
s	m	z	i	k	u	s	m	n	a	a
c	e	p	c	o	m	é	i	s	e	n
r	q	r	i	n	m	a	b	a	j	u
i	m	b	t	e	o	s	z	l	u	y
b	e	a	r	s	z	d	j	g	i	a
e	s	t	u	d	i	a	s	o	t	s
z	a	o	p	o	e	r	n	h	f	e
t	l	l	o	s	m	t	u	g	o	d
u	n	e	z	c	o	j	o	d	l	x
d	e	e	m	p	e	z	a	e	v	o
o	m	i	v	a	m	o	s	r	ñ	v

coméis, comer (vosostros/as); **empiezan**, empezar (ellos/ellas/ustedes); **vamos**, ir (nosotros/as); **desayunas**, desayunar (tú); **volvemos**, volver (nosotros/as); **estudias**, estudiar (tú); **lee**, leer (él/ella/usted); **cojo**, coger (yo); **escribe**, escribir (él/ella/usted); **salgo**, salir (yo).

2.4. Los alumnos leerán en silencio el texto, después dirigirá la actividad. La finalidad es, a partir del contexto del mensaje, presentar las preguntas más habituales para conocer los hábitos de otra persona. Por ejemplo, si el texto dice: *Me levanto a las…*, la pregunta que necesitamos hacer a Hugo para completar la información es ¿*A qué hora te levantas?* Vaya escribiendo las preguntas en la pizarra; y los alumnos lo harán en el libro.

Contextualice la actividad diciendo que vamos a escribir a Hugo para preguntarle la información que nos falta.

1. ¿A qué hora te levantas?; **2.** ¿Qué desayunas?; **3.** ¿Cómo vas a la universidad?; **4.** ¿Con quién comes?; **5.** ¿Dónde haces yoga?; **6.** ¿A qué hora vuelves a casa?

2.5. En la audición, Hugo contesta a las preguntas de 2.4. Los alumnos deberán en este momento completar el texto de 2.4. Adviértales que el texto oral de Hugo no es exactamente igual al escrito.

1. siete y cuarto; **2.** fruta, cereales y té; **3.** autobús; **4.** Samantha; **5.** un gimnasio; **6.** siete, aproximadamente.

2.6. Práctica controlada de producción oral. Los alumnos deberán, oralmente, transformar los infinitivos para preguntar a sus compañeros. Haga un ejemplo para advertir al estudiante de este cambio verbal. Asegúrese de que conocen el verbo *venir* y adviértales que es irregular.

Invite a los estudiantes a que se levanten y pregunten a tres de sus compañeros.

1. te levantas; **2.** desayunas; **3.** empiezas; **4.** vienes; **5.** comes; **6.** haces; **7.** te acuestas.

2.7. Mientras los alumnos están escribiendo, circule entre ellos para ayudarles y corregirles. Los textos corregidos pueden pasarse a limpio y con ellos, hacer un mural para colgar en la clase.

3 ¿Con qué frecuencia…?

En este epígrafe se seguirá trabajando con el presente de indicativo y se presentarán algunos adverbios para expresar la frecuencia con la que realizamos una actividad.

3.1. Para crear el concepto de frecuencia empiece contando algunos de sus hábitos y dibujando la imagen que representa al adverbio. Hágalo en varias fases:

1.º Diga: "Yo me levanto a las siete y media *todos los días*". Escriba en la pizarra: *Me levanto a las siete y media.*

2.º Dibuje el gráfico que representa *siempre* e insista señalando el gráfico: "*Todos los días. Es decir: siempre*". Y escriba: *siempre.*

Así con el resto de las frases.

3.2. y **3.3.** Práctica de producción oral. Los alumnos primero, individualmente, completan la tabla con el nombre de un compañero de la clase, según su opinión. Una vez que todos han terminado esta primera parte, se levantarán y preguntarán a los compañeros para comprobar si habían acertado o no.

3.4. Actividad que motiva e introduce la siguiente: encontrar diferencias y semejanzas entre Andrea y Ariadna. Motive la actividad diciendo que son *mellizas*, pero no hacen siempre las mismas cosas. Invíteles a descubrir las semejanzas y diferencias.

3.4.1. Divida la clase en parejas (A y B). El alumno A tendrá información sobre Ariadna y el alumno B sobre Andrea. Cada miembro de la pareja deberá interpretar las imágenes (deben fijarse en el símbolo que representa la frecuencia de la actividad) para contar a su compañero los hábitos de Andrea o Ariadna, y así poder descubrir las diferencias entre las mellizas.

3.5. **Actividad opcional.** Actividad de intercambio y vacío de información, en parejas A y B. Cada alumno tiene información sobre los hábitos de una compañera hispana (Gabriela o Yanina); una vez que cada alumno, individualmente, haya leído su texto, se les pondrá en parejas para preguntar sobre la otra compañera hispana y obtener la información.

Circule entre los alumnos para escuchar, ayudar y corregir.

3.6. Con esta actividad se introduce un contenido cultural: conocer los diferentes tipos de familia en España y en los países de los estudiantes.

3.6.1. En la ficha 6 aparecen los titulares con la información que necesitan para resolver la actividad 3.6. Recórtelos y péguelos por las paredes de la clase. Pida a los estudiantes que se levanten y busquen la información en los textos. Es una lectura diagonal: buscar palabras claves para resolver la actividad. La dinámica de la actividad les "obliga" a ello.

1. a; **2.** b; **3.** c; **4.** c; **5.** c; **6.** b.

 Ficha 6. *Una familia española.*

3.7. Los modelos textuales anteriores les servirán para esta actividad. Se prestará atención a la capacidad de transmitir de los estudiantes, más que a la corrección. Se trata de lanzarlos a la comunicación y entrenarles en la utilización de diferentes estrategias para poder resolver la actividad.

Si es posible, distribuya a los alumnos mezclando las nacionalidades. En caso contrario, pídales que discutan sobre los diferentes tipos de familias que hay en su país.

3.7.1. Pídales que escriban, como resumen de 3.7., frases-titulares para colgarlas por la clase.

4 Reflexiona

4.1. **Respuesta libre.** Si le queda tiempo en clase, dedique unos minutos para hacer conscientes a los alumnos de lo que han aprendido y cómo lo han aprendido. Si no, recomiéndeles que hagan la actividad en casa.

 ## Tarea final de la Etapa 1

Pida a los alumnos que preparen un cartel, reseña, mural, etc., presentando a los nuevos compañeros (utilice la transparencia 1 para recordarles quiénes son). La tarea se hará de la siguiente forma: primero, divida la clase en parejas y asigne a cada una un personaje ficticio y un compañero de la clase, sobre los que tendrán que recopilar toda la información que han obtenido a lo largo de las cinco unidades (si han confeccionado carteles, pídales que los recojan; si han elaborado el portfolio, repártales la información). Segundo, en grupo clase, pongan en común todos los trabajos y decidan el formato de la tarea. Tercero, hagan los cambios necesarios para ajustar los textos al formato elegido y elabórenlo.

Unidad I — Cosas del primer día

I.I. 1. ¿Cómo te llamas?; 2. ¿De dónde eres?; 3. ¿Qué lenguas hablas?; 4. ¿Dónde vives?; 5. ¿A qué te dedicas?

I.2. 1. dónde, Soy; 2. médico; 3. Qué, Francés; 4. años, 23.

I.3. 1. ¿De dónde eres?; 2. ¿Cómo te llamas?; 3. ¿Qué lenguas hablas?; 4. ¿Dónde vives?; 5. ¿Cuántos años tienes?

I.4. 1. Soy de Suiza; 2. Soy médico; 3. Soy italiano; 4. Trabajo en un hospital; 5. Vivo en Suiza; 6. Tengo 18 años; 7. Hablo inglés y francés.

I.5. 1. eres; 2. Trabajo; 3. me llamo, me llamo; 4. Vives; 5. soy; 6. tienes; 7. trabajas; 8. soy; 9. hablas.

I.6. A. 7; C. 12; G. 8; Ñ. 15; H. 10; J. 13; L. 6; B. 1; Z. 5; R. 14; E. 9; I. 2; V. 4; Q. 3; K. 11.

I.7. 1. Colombia; 2. doscientos; 3. profesora; 4. nacionalidades; 5. estudiante; 6. restaurante; 7. bolígrafo.

I.8. 1. hache, e, erre, ene, a, ene, de, e, zeta/elle, a, ene, o, ese; 2. Uve, a, erre, ge, a, ese/be, erre, i griega, ce, e; 3. Ge, a, erre, ce, i, a/eme, a, erre, cu, u, e, zeta; 4. Jota, e, erre, o, ene, i, eme, o/ge, i, erre, a, ele, de, o.

I.9. Respuesta abierta.

I.10. inglés (las otras son palabras masculinas terminadas en –o); italiano (las otras son palabras femeninas); brasileño (las otras palabras son países); panameña (las otras palabras masculinas).

I.II. 1. Canadá, canadiense; 2. Estados Unidos, estadounidense; 3. México, mexicano/a; 4. Brasil, brasileño/a; 5. Argentina, argentino/a; 6. Inglaterra, inglés/inglesa; 7. Alemania, alemán/alemana; 8. Italia, italiano/a; 9. España, español/española; 10. Japón, japonés/japonesa.

I.12. 1. francesa; 2. español; 3. estadounidense; 4. japonés; 5. colombiana/venezolana; 6. cubano; 7. italiana; 8. portugués; 9. mexicano; 10. brasileña.

I.13. 1. profesor/a; 2. informático/a; 3. camarero/a; 4. médico/a; 5. estudiante.

I.14. **Por:** trabajo, placer, estudios, amor, porque mi novio es argentino. **Para:** vivir en España, viajar, hablar con españoles, estudiar en Chile.

I.15. 1. Hola/¿Qué tal?; 2. Buenos días; 3. Encantado; 4. ¿Qué tal?/Hola; 5. Buenas tardes.

I.16. 1. ocho; 2. veinticinco; 3. novecientos; 4. setenta; 5. seiscientos; 6. cuatrocientos ochenta; 7. setecientos.

I.17. 1. cuarenta, cincuenta, sesenta; 2. quinientos veinte, quinientos veinticinco, quinientos treinta; 3. ciento sesenta, doscientos, doscientos cuarenta; 4. quinientos cinco, seiscientos seis, setecientos siete; 5. novecientos setenta, novecientos sesenta, novecientos cincuenta.

1.18. Cartón 1: 16, 76, 55, 99; Cartón 2: 25, 600, 32, 15, 500, 5; Cartón 3: 50,17, 26, 3.

1.19. **1.** sesenta; **2.** quince; **3.** novecientos; **4.** setenta; **5.** setecientos cincuenta; **6.** quinientos; **7.** cincuenta y cinco; **8.** nueve; **9.** seiscientos; **10.** dieciséis.

1.20.

Adriana	Mike	Ludmila	Rodrigo	Bebo
italiana	americano	rusa	argentino	cubano
————	profesor de universidad	médica	camarero	músico
1 año	39 años	47 años	26 años	63 años

1.21. **1.** Tiene 32 años; **2.** Linda es de Suecia; **3.** Vive en Madrid, en la C/ Almonte, 16; **4.** Es profesora de Matemáticas y ahora es estudiante; **5.** Aprende Rápido.

1.22. Respuesta abierta.

1.23. **1.** diccionario; **2.** bolígrafo; **3.** carpeta; **4.** cuaderno; **5.** lápiz; **6.** pizarra; **7.** papelera; **8.** libro; **9.** folio; **10.** rotulador; **11.** ventana; **12.** borrador.

Unidad 2 Cosas de familia

2.1.

2.2. **1.** tío, hermano, abuelo, marido, nieto; **2.** sobrina, hermana, abuela, madre, nieta; **3.** tíos, sobrinos, abuelos, maridos, padres; **4.** tías, sobrinas, hermanas, mujeres, madres, nietas.

2.3.

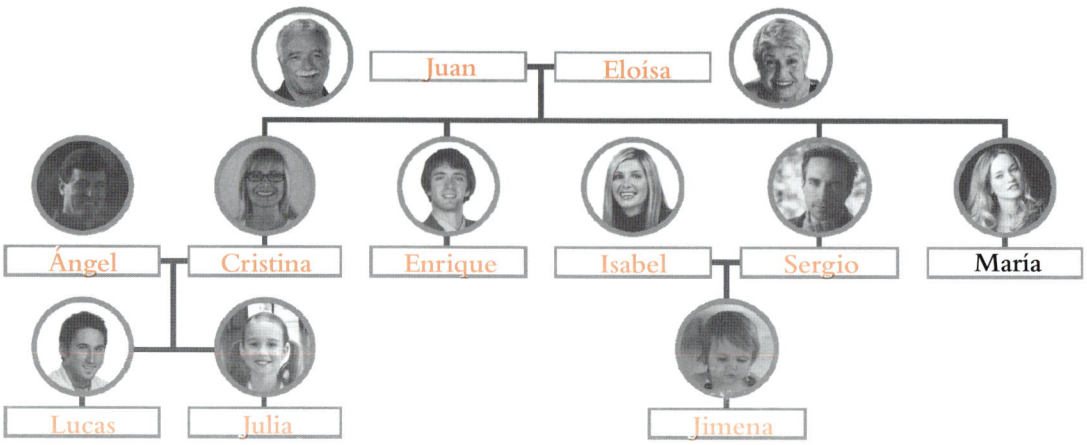

2.3.1. 1. abuelo; 2. hermano; 3. tía; 4. nieta; 5. hija, 6. cuñado; 7. sobrino; 8. madre; 9. mujer; 10. marido.

2.4. 1. dónde; 2. Cuántos; 3. Cómo; 4. Dónde; 5. qué; 6. Cuántas; 7. Cuántos; 8. Cómo.

2.4.1. a. 6; b. 3; c. 5; d. 2; e. 1; f. 4; g. 8; h. 7.

2.5. 1. profesora, 54 años; 2. Nicolás, médico, Perú; 3. Violeta, 24 años, España; 4. Juan, abogado, 30 años.

2.6. 1. a; 2. b; 3. a; 4. c; 5. b; 6. c.

2.7. 1. Mi; 2. tus, mi, mi; 3. su; 4. tu; 5. Su; 6. Sus; 7. tu, Mi; 8. sus.

2.8. Penélope es española, de Madrid. Es actriz y tiene 34 años. Vive en Los Ángeles. Su padre se llama Eduardo Cruz y es vendedor de coches. Su madre se llama Encarna Sánchez y es peluquera. Tiene dos hermanos: Mónica y Eduardo. Su hermana es actriz y cantante. Su hermano es cantante y músico.

2.9. 1. bajo, gordo; 2. pelo largo, pelo rizado; 3. moreno, rubio; 4. ojos marrones, ojos azules; 5. bigote, barba; 6. oriental.

2.9.1. TENER: el pelo corto, el pelo largo, el pelo liso, el pelo rizado, los ojos marrones, los ojos azules, los ojos verdes, los ojos negros, barba, gafas, bigote. SER: alto, bajo, gordo, delgado, moreno, castaño, rubio, pelirrojo, blanco, negro, oriental. LLEVAR: barba, gafas, bigote.

2.10. a. es; 1. alto; 2. delgado; b. tiene; 3. ojos; c. es; 4. moreno; d. Tiene; 5. corto; 6. gafas; e. es; 7. rubia; f. tiene; 8. largo; 9. liso; g. Tiene; h. es; i. es; 10. joven; 11. delgada; j. tiene; 12. largo; 13. rizado; 14. ojos.

2.11. 1. V; 2. F; 3. F; 4. V; 5. V; 6. V; 7. V; 8. F.

2.12.

```
R Q O T O O D E M A
A U S I L A I A L T
B I E U U M A J O S
U C S N P C T T N I
R G E N E R O S A M
R D O R C L M E M P
I I L V R L E R S Á
D C U E U A E A S T
A M A B L E D R E I
U M T I Q U U O Q C
A N T I P Á T I C O
```

2.13. 1. abierto ≠ cerrado; 2. simpático ≠ antipático; 3. tacaño ≠ generoso; 4. aburrido ≠ divertido; 5. complicado; 6. majo; 7. amable.

2.14. 1. simpático/a ≠ antipático/a; 2. divertido/a ≠ aburrido/a; 3. generoso/a ≠ tacaño/a; 4. abierto/a ≠ cerrado/a.

2.15. 1. Es divertido; 2. Es aburrida; 3. Es simpático; 4. Es antipático; 5. Es generoso; 6. Es tacaño; 7. Es buena persona; 8. Es amable.

2.16. bajo; barba; ¿Dónde vives? (tú); amable (invariable masculino y femenino).

2.17. 1. b; 2. c; 3. a; 4. a.

2.18. 1. j; 2. g; 3. g; 4. j; 5. j; 6. g; 7. j; 8. j; 9. c; 10. z; 11. z; 12. c; 13. c; 14. c; 15. c; 16. c.

2.19. /g/: Portugal, bigote, Guillermo, gafas, guapo. /x/: joven, Gerardo, vieja, japonesa. /k/: escuela, blanco, médico, castaña. /θ/: suizo, Venezuela, azules.

Etapa 1

Unidad 3 — Cosas de casa

3.1. 1. quiosco; 2. estación de autobuses; 3. perfumería; 4. cafetería/bar; 5. floristería; 6. mercado/frutería; 7. zapatería; 8. librería; 9. farmacia; 10. bar/cafetería.

3.2. 1. María; 2. Elena; 3. Mario; 4. Pedro; 5. Rosa.

3.2.1. 1. enfrente de; 2. a la izquierda de; 3. a la derecha de; 4. enfrente de; 5. entre; 6. entre.

3.3. 1. Hay; 2. Está; 3. está; 4. hay; 5. hay; 6. está; 7. Hay; 8. Hay; 9. está; 10. Hay; 11. Hay; 12. está.

3.4. 1. Hay un banco en la plaza, al lado/a la derecha del restaurante El Buen Comer; 2. La librería está en la calle Arenal, entre la farmacia y el bar Pepe; 3. A la derecha, todo recto; 4. Enfrente de Luis, al lado del banco; 5. En la calle San Jerónimo, enfrente de la zapatería Los guerrilleros; 6. No hay supermercados en la Puerta del Sol.

3.5. 1. **Estudio:** estantería, mesa de estudio, silla de estudio; 2. **Baño:** lavabo, espejo, taza de váter, ducha, bañera; 3. **Salón:** DVD, sofá, televisión, mueble de salón, silla, mesa, sillón; 4. **Dormitorio:** armario, cama, mesilla; 5. **Cocina:** lavadora, horno, frigorífico, lavavajillas, vitrocerámica.

3.6. 1. cubo de basura; 2. cuadro; 3. microondas; 4. lámpara de pie; 5. alfombra; 6. flexo.

3.7. 1. En A **el lavabo** está a la derecha y en B está entre la taza de váter y la bañera; 2. En B hay **una bañera** y en A hay **una ducha**; 3. En B **el cuadro** está a la derecha y en A está a la izquierda, encima de la taza de váter; 4. En B no hay **espejo** en el baño; 5. En B hay **un cubo de basura**, en A no; 6. En B **la estantería** está encima del lavabo y en A está entre la taza de váter y la ducha.

3.8.

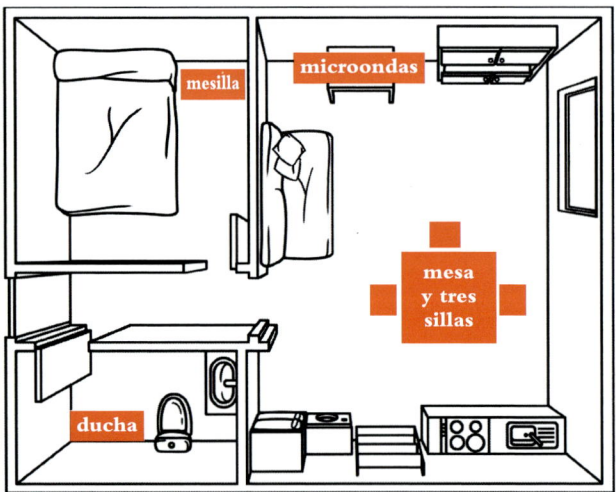

3.9. 1. microondas, televisión; 2. estación, frigorífico; 3. lámpara, estantería.

3.10. 1. Están nerviosos; 2. Tiene frío; 3. Está aburrida; 4. Está contento; 5. Tiene miedo; 6. Están tristes; 7. Tiene calor; 8. Tiene sueño; 9. Tiene sed; 10. Está enfadada.

3.10.1. **Estados de ánimo:** están nerviosos, está aburrida, están tristes, está contento, está enfadada. **Estados físicos:** tiene frío, tiene sueño, tiene miedo, tiene sed, tiene calor.

3.11. 1. tienen; 2. Nosotros; 3. tengo; 4. tienes; 5. tenéis; 6. Ellos/Ellas; 7. Ella; 8. estamos; 9. Él/Ella; 10. están.

3.12. debajo de; ducha; está; sillón; silla de estudio.

3.13. 1. Está frente a la playa, en la Urbanización Cien Palmeras, en Alicante; 2. Hay cinco camas; 3. No lo dice; 4. Hay una cafetería, un restaurante, un banco y una estación de autobuses; 5. Dos dormitorios, baño y salón comedor.

3.13.1 1. F; 2. V; 3. F; 4. F; 5. V.

3.14. 1. ¿Cómo te llamas?; 2. ¿De dónde eres?; 3. ¿A qué se dedica Juan?; 4. ¿Cuántos años tienes?; 5. ¿Dónde vive tu cuñado?; 6. ¿Cómo es tu hermana?; 7. Luis tiene el pelo largo; 8. Luisa es baja, delgada y joven; 9. Llevo bigote y tengo los ojos marrones; 10. ¿Hay una floristería en tu barrio?; 11. ¿Dónde está el supermercado?

3.15. 1. informático; 2. armario; 3. venezolana; 4. Uruguay; 5. rubia; 6. papelera; 7. quinientos; 8. librería; 9. enfrente; 10. nervioso; 11. hambre.

Unidad 4 · Cosas del tiempo libre

4.1. 1. sábado; 2. lunes; 3. miércoles; 4. domingo; 5. jueves; 6. martes; 7. viernes.

4.2.

```
A S I T M M T N R D A M L T
C T S E R V I L L E T A I E
C I I R D A S E M S U Q V M
U A L I E C U S E O M A N P
C T I O T C N S T F S A I O
H U B Q E A D I A O I T E R
A M U U N S B N T I L U T C
R A P I E A C U C H I L L O
A D L A D N A I R I O A D P
U I A N O D D U N E S S Q A
M A T I R U M N E I T A Z A
E N O S U N I T T T I E A R
```

4.3. 1. b; 2. b; 3. a; 4. b; 5. a; 6. a; 7. b.

4.4. 1. cerveza; 2. café; 3. vino; 4. zumo de naranja; 5. perrito; 6. bocadillo; 7. hamburguesa. 8. sándwich. 9. pincho de tortilla.

4.5. 1, 3, 5, 6.

4.6. 1. un bocadillo de queso; 2. un bocadillo de tortilla; 3. un sándwich mixto; 4. un sándwich vegetal; 5. una ración de calamares, 6. una ración de croquetas; 7. una ración de boquerones en vinagre; 8. un pincho de tortilla.

4.7. 1. Qué; 2. tomar; 3. cerveza/Coca-Cola; 4. cerveza/Coca-Cola; 5. comer; 6. ración; 7. calamares; 8. Algo; 9. Cuánto.

4.8. 1. ¿Algo más?, ¿Quieren algo de comer?, ¿Qué quieren tomar?; 2. Para mí, un café, ¿Me pone una ración de croquetas?, ¿Cuánto es?

4.9. Respuesta libre.

4.10. 1. V; 2. F; 3. V; 4. F; 5. F.

4.11. 1. b, h; 2. a, g, i, l, n; 3. c, e; 4. o; 5. d, m; 6. f, k, ñ; 7. j.

Etapa 1

4.12. 1. ir; 2. ver; 3. jugar; 4. conectarse; 5. jugar; 6. comer/cenar; 7. hacer; 8. escuchar; 9. ir; 10. hacer.

4.13. 1. al cine, al campo, a casa de unos amigos, a la discoteca, de compras; 2. al tenis, al fútbol, a la videoconsola; 3. deporte, aeróbic, yoga; 4. música, la radio; 5. libros, el periódico.

4.14. 1. jugar al tenis/hacer deporte; 2. ir de compras; 3. salir con amigos; 4. hacer yoga; 5. conectarse al Messenger, 6. ver la televisión, 7. comer en un resturante; 8. ir al cine, 9. leer libros, 10. escuchar música; 11. jugar al fútbol/hacer deporte; 12. pasear.

4.15. 1. leer; 2. ir al cine; 3. ir de compras; 4. comer en restaurantes de diferentes países; 5. conectarse al Messenger y hablar con su hermana, que vive en Brasil; 6. hacer deporte.

4.16. 1. a; 2. a; 3. b; 4. a; 5. b; 6. b; 7. a; 8. a. Se usa *gusta* + verbos en infinitivo y sustantivo singular. Se usa *gustan* + sustantivo plural.

4.17. Hay varias opciones, pero las combinaciones obligatorias son las siguientes: 1. A mis hermanos les; 2. A mí me; 3. A Juan le; 4. A María y a ti os; 5. A mi padre y a mí nos; 6. A ti te; gusta el cine/estudiar español/la pizza/jugar al fútbol; gustan los toros/los libros.

4.18. 1. te; 2. me; 3. os; 4. le; 5. nos; 6. les.

4.19. 1. A Pablo le gusta mucho la cerveza; 2. ¿Te gusta el museo del Prado?; 3. No me gustan las discotecas; 4. A nosotros nos gusta mucho el fútbol; 5. ¿Os gustan los bocadillos de calamares?

4.20. Respuesta libre.

4.21. 1. A Julio; 2. No; 3. Conectarse al Messenger; 4. Ir a comer a restaurantes; 5. Las hamburguesas.

Unidad 5 Cosas cotidianas

5.1. 1. enero; 2. julio; 3. marzo; 4. agosto; 5. febrero; 6. diciembre; 7. mayo; 8. noviembre; 9. junio; 10. septiembre; 11. abril; 12. octubre.

5.2. a. 2; b. 5; c. 4; d. 1; e. 6; f. 3.

5.3. 1. Son las seis menos diez; 2. Es la una y cuarto; 3. Son las ocho y media; 4. Son las once y veinticinco; 5. Son las doce menos cinco; 6. Son las dos y cinco.

5.4. 1. levantarse; 2. ducharse; 3. desayunar; 4. empezar a trabajar; 5. comer; 6. terminar de trabajar; 7. hacer la compra; 8. estudiar; 9. cenar; 10. acostarse.

5.5. Regulares: desayunar, cenar, terminar, comer, estudiar, escribir. Irregulares: volver, hacer, empezar, salir.

5.6. Cenar: cenas, cenamos, cenáis. Comer: como, come, coméis. Escribir: escribes, escribimos, escribís, escriben. Empezar: empiezo, empiezas, empiezan. Volver: vuelvo, vuelve, volvéis. Hacer: hago, hace, hacéis.

5.7. 1. Me levanto a las ocho; 2. Hago la compra por la tarde; 3. Empiezo a trabajar a las nueve y media; 4. Desayuno antes de ducharme; 5. Vuelvo a casa a las seis; 6. Por la noche veo la televisión; 7. Me acuesto muy tarde; 8. Como a la una y media.

5.8. **1. Por** la tarde; **2. te** levantas; **3. Te** acuestas; **4. me** levanto; **5. Por** la noche; **6. antes de**; **7. se** acuestan; **8. A** las diez.

5.9. **1.** trabaja; **2.** Se levanta; **3.** desayuna; **4.** Empieza; **5.** come; **6.** Termina; **7.** va; **8.** vuelve; **9.** lee; **10.** Cena; **11.** Se acuesta.

5.10. **1.** qué; **2.** Dónde; **3.** Cómo; **4.** quién; **5.** Qué.

5.10.1. **a.** 2; **b.** 5; **c.** 1; **d.** 3; **e.** 4.

5.11. **1.** siete y media; **2.** ocho; **3.** dos; **4.** cinco; **5.** cinco y media; **6.** ocho y media; **7.** nueve y media; **8.** doce y media.

5.11.1. **1.** Se levanta, se lava y desayuna; **2.** Sale de casa, va al hospital; **3.** Come; **4.** Termina de trabajar; **5.** Va a clase de francés; **6.** Vuelve a casa, se ducha; **7.** Cena, ve la televisión, lee un libro; **8.** Se acuesta.

5.12. **1.** siempre; **2.** a menudo; **3.** normalmente; **4.** nunca; **5.** a veces.

5.13.

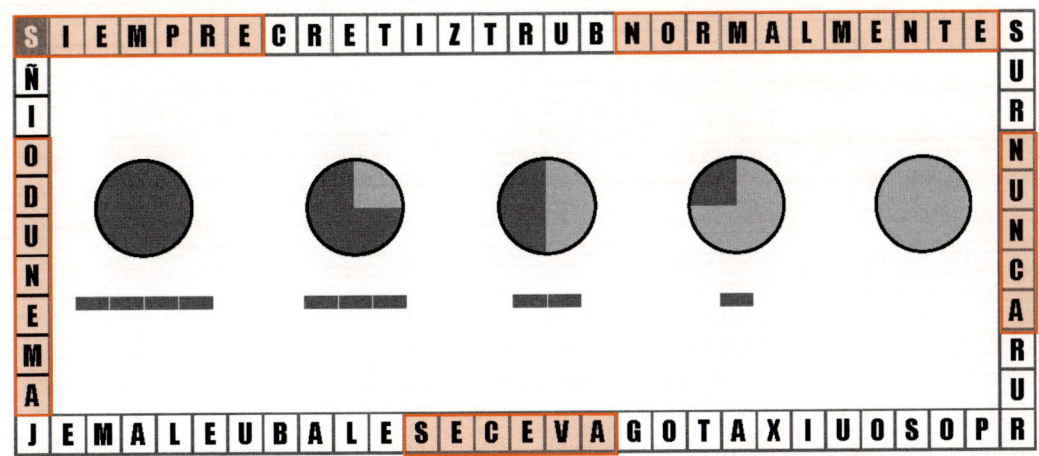

5.14. **1.** a veces; **2.** normalmente; **3.** nunca; **4.** siempre; **5.** a menudo.

5.15. **Meses de año:** marzo, julio, noviembre, febrero, enero. **Acciones habituales:** comer, levantarse, empezar, hacer, acostarse, volver. **Adverbios de frecuencia:** nunca, a veces, a menudo, normalmente. **Partes del día:** por la mañana, por la tarde, por la noche.

5.16. **1.** 2; **2.** 3; **3.** 1.

5.17. Respuesta libre.

5.18. **1.** F; **2.** V; **3.** V; **4.** F; **5.** V; **6.** F; **7.** V; **8.** F.

5.19. **Siempre:** Ramón, los domingos compra el periódico y Marina hace el desayuno. Los domingos comen con la familia de Marina. Se acuestan pronto. **Normalmente:** los viernes por la tarde toman unas cervezas con los compañeros de trabajo y van a casa. Los sábados comen en casa. **A menudo:** los sábados por la mañana hacen las tareas de la casa y la compra. Los sábados por la tarde van al cine o al teatro y por la noche cenan en algún restaurante. Los domingos por la tarde se quedan en casa y ven alguna película o leen un libro. **A veces:** los sábados comen en algún restaurante con amigos. **Nunca:** se levantan pronto los domingos.

5.20. Respuesta libre.

1 UNIDAD 1. Cosas del primer día

[1] eme - e - equis - i - ce - o.
ce - o - ele - o - eme - be - i - a.
u - erre - u - ge - u - a - y griega.
ce - hache - i - ele – e.

[2] ▷ Hola. Me llamo Federico, tengo 28 años y soy camarero.
► Hola. Me llamo Yanina. Soy ingeniera informática y vivo en Estados Unidos.
▷ Hola. Me llamo Gabriela. Soy colombiana y vivo en Bogotá. Soy médica y trabajo en un hospital.
► Hola. Me llamo Gerardo. Soy profesor y tengo 36 años. Vivo en Montevideo.
► Hola. Me llamo Hugo. Soy estudiante y tengo 23 años. Ah, soy chileno.

[3] **a)** 40 (cuarenta), 37 (treinta y siete), 80 (ochenta), 91 (noventa y uno), 55 (cincuenta y cinco), 17 (diecisiete), 81 (ochenta y uno), 96 (noventa y seis), 99 (noventa y nueve), 52 (cincuenta y dos), 22 (veintidós), 68 (sesenta y ocho), 46 (cuarenta y seis), 51 (cincuenta y uno), 6 (seis), 20 (veinte), 82 (ochenta y dos), 98 (noventa y ocho), 64 (sesenta y cuatro), 77 (setenta y siete), 100 (cien), 32 (treinta y dos), 58 (cincuenta y ocho), 1 (uno), 71 (setenta y uno), 25 (veinticinco), 9 (nueve), 44 (cuarenta y cuatro), 61 (sesenta y uno), 95 (noventa y cinco), 85 (ochenta y cinco), 24 (veinticuatro), 43 (cuarenta y tres), 10 (diez), 15 (quince), 35 (treinta y cinco), 12 (doce), 78 (setenta y ocho), 92 (noventa y dos), 45 (cuarenta y cinco), 40 (cuarenta).

b) 36 (treinta y seis), 41 (cuarenta y uno), 48 (cuarenta y ocho), 13 (trece), 88 (ochenta y ocho), 23 (veintitrés), 29 (veintinueve), 83 (ochenta y tres), 57 (cincuenta y siete), 84 (ochenta y cuatro), 87 (ochenta y siete), 2 (dos), 27 (veintisiete), 54 (cincuenta y cuatro), 33 (treinta y tres), 38 (treinta y ocho), 65 (sesenta y cinco), 93 (noventa y tres), 86 (ochenta y seis), 74 (setenta y cuatro), 66 (sesenta y seis), 47 (cuarenta y siete), 7 (siete), 28 (veintiocho), 16 (dieciséis), 56 (cincuenta y seis), 30 (treinta), 3 (tres), 89 (ochenta y nueve), 70 (setenta), 72 (setenta y dos), 4 (cuatro), 69 (sesenta y nueve), 31 (treinta y uno), 59 (cincuenta y nueve), 39 (treinta y nueve), 8 (ocho), 14 (catorce), 19 (diecinueve), 36 (treinta y seis).

[4] **a.** 32 (treinta y dos); **b.** 896 (ochocientos noventa y seis); **c.** 58 (cincuenta y ocho); **d.** 31 (treinta y uno); **e.** 75 (setenta y cinco); **f.** 347 (trescientos cuarenta y siete); **g.** 129 (ciento veintinueve); **h.** 102 (ciento dos); **i.** 534 (quinientos treinta y cuatro); **j.** 25 (veinticinco).

2 UNIDAD 2. Cosas de familia

[5] El tema de hoy es la familia, así que voy a presentaros a la mía. Empezaré con los nombres. Hablaré despacio para que tengáis tiempo para escribir. Mi padre se llama Pablo: pe-a-be-ele-o. Pablo. Mi madre, Elena. Tengo dos hermanos. Mi hermano mayor se llama Mario: eme-a-erre-i-o. Mario, y mi hermano pequeño, Óscar. Yo estoy en el medio, soy Samuel. Mis hermanos están casados. La mujer de Mario se llama Esperanza: e-ese-p-e-erre-a-ene-zeta-a: Esperanza. La mujer de Óscar se llama Marisa. Tengo 3 sobrinos: Héctor, Sergio y Andrea. Héctor: hache-e-ce-te-o-erre, es mi sobrino mayor, hijo de Mario y Esperanza. Mi sobrina más pequeña es Andrea: a-ene-de-erre-e-a, hija de Óscar y Marisa.

[6] Hola de nuevo. Mi padre tiene 68 años, es español y vive en Madrid. Mi madre tiene 64 años. Mi hermano mayor, Mario; vive con su mujer y sus hijos en Sevilla. Óscar, mi hermano pequeño, es médico; vive en Madrid. La mujer de Mario, Esperanza, es ama de casa, y la mujer de Óscar, Marisa, es enfermera.

[7] Simpático, antipático, amable, majo, divertido, aburrido, abierto, cerrado, complicado, tacaño, generoso, buena persona.

[8] 1. Argentina; 2. Suiza; 3. Egipto; 4. Francia; 5. Japón; 6. camarero; 7. delgado; 8. Lucía; 9. Puerto Rico; 10. ojos; 11. largo; 12. Esperanza; 13. Segovia; 14. calvo; 15. trabaja; 16. azules; 17. canas; 18. mujer; 19. José; 20. Sergio; 21. hijo.

3 Unidad 3. Cosas de casa

[9] ¿Seguimos? Bien, empezamos. La librería está en la calle Madrigal. El bar Edu está enfrente de la librería.

Al lado del bar Edu está el banco. ¡Ah! y el restaurante está a la izquierda del banco. Enfrente del restaurante está el quiosco, y entre el quiosco y la librería está la zapatería.

En la calle Pez, a la izquierda, está el hospital Clínico, y enfrente del hospital está la farmacia. ¿Qué más? ¡Ah sí!, al lado de la farmacia está el supermercado Ahorra Mucho y al lado del supermercado está la perfumería. Creo que no se me olvida nada, mmm…, sí ya está. ¿Verdad que mi barrio tiene de todo?

[10] Como ya sabéis, vivo en Salamanca. Mi casa no es grande, pero es muy bonita, ¿quieres conocerla? Pues bien, tiene un salón muy grande, un estudio para trabajar, una cocina grande y cómoda, un dormitorio con mucha luz y un cuarto de baño. Nada más entrar está el salón, a la derecha del salón está el dormitorio y enfrente del salón está la cocina. Al lado de la cocina está el baño y, por último, el estudio, que está a la derecha del dormitorio. ¿Verdad que es muy acogedora?

[11] **Situación 1:** ¡No, no y no!

Situación 2: ¡Muchas gracias!

Situación 3: A las 9 tengo que ir a la oficina, a las 11 tengo cita en el médico, después vuelvo a la oficina para una reunión, salgo a las cinco y tengo que hacer la compra, porque esta noche hago una cena en casa. Y antes tengo que limpiar la casa. Lo siento, no puedo. No puedo ir de compras contigo.

Situación 4: ▷ Venga, bebe algo, una cerveza, un vino, anímate.
  ▶ No, gracias, no, no quiero nada. No me gusta este bar.

Situación 5: ▷ ¿Qué te pasa?
  ▶ Es que esta noche salgo con María, y no sé, no puedo concentrarme. ¡Ay! ¡Qué nervios!

Situación 6: ▷ ¿Qué te pasa?
  ▶ Nada, nada.

[12] 1. Tengo frío; 2. Tengo calor; 3. Tengo sed; 4. Tengo hambre; 5. Tengo miedo; 6. Tengo sueño.

4 Unidad 4. Cosas del tiempo libre

[13] 1. ▷ Es una persona que trabaja en el bar, está detrás de la barra.
  ▶ Mmm, ¡el camarero!
  ▷ Muy bien.

2. ▷ Está encima de la mesa de la derecha, es de metal.
  ▶ La cuchara.

3. ▷ Está enfrente del camarero, encima de la barra, es el objeto para tomar café o té.
  ▶ La taza.
  ▷ Vale.

4. ▷ Está encima de la mesa del centro del bar. Es donde bebemos vino o champán.
   ► ¡Ay! No sé.
   ▷ Es de cristal.
   ► Ya está, ¡la copa!
   ▷ Bien.

5. ▷ Está en la mesa de la derecha, cerca de la cuchara, es de cristal.
   ► El vaso.

6. ▷ Están encima de la barra, en el centro, son de papel y se usan para limpiarse.
   ► Las servilletas.
   ▷ Muy bien.

7. ▷ Está encima de la mesa de la izquierda, es redondo, es donde ponemos la comida.
   ► El plato.
   ▷ Sí.

8. ▷ Es una silla alta, está enfrente de la barra, hay una persona encima.
   ► El taburete.
   ▷ Bien.

9. ▷ Es la persona que está encima del taburete y va al bar.
   ► El cliente.

10. ▷ Está encima de la mesa de la izquierda, a la izquierda del plato.
    ► El tenedor.

11. ▷ Están encima de la barra, a la izquierda de la taza.
    ► Los palillos.
    ▷ Bien.

12. ▷ Está encima de la mesa de la izquierda, a la derecha del plato, es de metal. Se usa para cortar la carne.
    ► El cuchillo.
    ▷ ¡Bien! Pues, hemos terminado.

[14] **Comidas: 1.** pincho de tortilla; **2.** bocadillo de jamón; **3.** bocadillo de queso; **4.** bocadillo de chorizo; **5.** sándwich mixto; **6.** sándwich vegetal; **7.** ración de calamares; **8.** ración de gambas; **9.** ración de patatas con salsas; **10.** perrito caliente; **11.** hamburguesa.

Bebidas: 1. zumo de piña; **2.** zumo de naranja; **3.** zumo de melocotón; **4.** refresco de limón; **5.** Coca-Cola; **6.** café; **7.** vino tinto; **8.** vino blanco; **9.** cerveza.

[15] Jugar al fútbol. Hacer yoga. Conectarse al Messenger. Leer libros. Salir con amigos. Comer en un restaurante. Hacer aeróbic. Ir al cine. Ir de compras. Jugar al tenis. Ver la tele. Pasear. Escuchar la radio. Leer el periódico. Escuchar música. Jugar a la videoconsola. Ir al campo. Ir a casa de amigos. Hacer deporte. Ir a la discoteca.

[16] **A.** ▷ Hola, ¿tienes unos minutos? Es para una encuesta sobre los gustos de los jóvenes españoles.
   ► Vale, pero solo unos minutos.
   ▷ Bien, ¿cómo te llamas?
   ► Juanjo.
   ▷ ¿Qué estudias?
   ► Estoy haciendo tercero de Informática en una universidad privada.
   ▷ Dime, Juanjo, ¿qué haces en tu tiempo libre?
   ► Pues no sé, me gusta salir con mis amigos e ir al cine. También me gusta mucho ir a comer hamburguesas a un burguer.
   ▷ ¿Practicas algún deporte?
   ► No, no me gusta hacer deporte.
   ▷ Pues, nada más, muchas gracias.

B. ▷ ¿Qué tal? ¿Tienes unos minutos para responder a unas preguntas sobre lo que haces en tu tiempo libre?
   ► Bueno, si es rápido... es que tengo prisa.
   ▷ Sí, muy rápido. ¿Cómo te llamas?
   ▷ Laura.
   ▷ ¿Qué estudias?
   ▷ Es mi primer año de Universidad, estudio Trabajo Social.
   ▷ ¿Qué te gusta hacer en tu tiempo libre?

▷ Me gusta hacer yoga porque me relaja. A mi amiga Carmen y a mí nos gusta mucho ir al cine, no nos gusta ir a la discoteca. ¡Ah!, me gusta también ir al parque con los amigos del barrio para beber y hablar.

▷ Muchas gracias por tu tiempo, Laura.

▷ De nada.

C. ▷ ¿Nos respondes a unas preguntas sobre tu tiempo libre? Es para una encuesta.

▶ Lo siento, tengo clase ahora mismo.

▷ Bueno, pues… otra vez será.

D. ▷ ¡Hola! ¿Tenéis un momento para responder a unas preguntas sobre vuestro ocio?

▷ ▶ Claro.

▷ ¿Cómo os llamáis?

▷ Yo, Rodrigo.

▶ Y yo, Ruth.

▷ ¿Qué estudiáis?

▷ Estamos haciendo segundo de Derecho y Económicas.

▷ ¿Qué os gusta hacer en el tiempo libre?

▷ A mí me gusta mucho jugar a la videoconsola y hacer deporte. Me gusta jugar al fútbol, pero no me gusta el tenis.

▷ Y a ti, ¿te gusta hacer deporte?

▶ No, a mí me gusta ir de compras y leer, pero no me gusta ir al campo, es muy aburrido.

▷ Y… ¿os gusta salir con los amigos?

▶ Sí, sí. Nos gusta mucho salir con ellos, es lo que más nos gusta.

5 UNIDAD 5. Cosas cotidianas

[17] **1.** ▷ Un momento… ¿Qué hora es?

▶ Es la una y media.

▷ Vale, entonces la clase termina ya. Nos vemos mañana. ¡Hasta mañana a todos!

2. ▷ ¿Qué quieres? ¿Café?

▶ No sé…, ¿qué hora es?

▷ ¡Solo son las cuatro y cuarto!

3. ▷ Pero, ¿qué hora es?

▶ Son las ocho menos cuarto, ¡a levantarse!

▷ Un poquito más, que ya voy…

4. ▷ Perdone, señor, ¿tiene hora?

▶ Sí, claro. Las once menos veinte.

▷ Gracias.

▶ De nada, hijo.

5. ▷ Oye, entonces, ¿a qué hora te llamo?

▶ A las siete. ¿Vale?

▷ Muy bien. ¡Hasta luego!

6. ▷ A la cama, que son las once y cinco. Mañana hay colegio.

▶ Sí, mamá, ya nos acostamos.

▶ ¡Hasta mañana, mamá!

[18] ¡Hola, amigos! ¿Qué tal todo? Yo sigo con los problemas en el ordenador… Os cuento. Mi vida en Londres es igual que la de otros estudiantes. Me levanto a las siete y cuarto y escucho un poco de música.

¡No me gusta nada levantarme tan pronto! Después me ducho y desayuno fruta, cereales y, por supuesto, té. ¡Estamos en Inglaterra! A las ocho y diez salgo de casa y voy a la universidad en autobús.

Mis clases empiezan a las ocho y media, pero siempre llego tarde. A las doce y media como con Samantha un sándwich o algo que llevamos preparado de casa. Por la tarde hago yoga en un gimnasio que está cerca de mi casa. Vuelvo a casa a las siete, aproximadamente, y estudio un poco antes de cenar.

¡Hasta pronto!

1 UNIDAD 1. Cosas del primer día

[19] **1.** Soy de España; **2.** Me llamo Raquel; **3.** Hablo español, inglés y francés; **4.** Vivo en Madrid, en la calle Hortaleza; **5.** Tengo 28 años.

[20] be, i, cu, uve, zeta, ele, a, ge, e, hache, ca, ce, jota, erre, eñe.

[21] **Cartón 1:** 16, 18, 76, 32, 18, 55, 24, 74, 89, 25, 99. **Cartón 2:** 2, 61, 25, 73, 600, 32, 28, 15, 25, 500, 100, 5. **Cartón 3:** 3, 6, 7, 26, 50, 225, 555, 3, 60, 92, 37, 93, 17.

2 UNIDAD 2. Cosas de familia

[22] **1.** Tiene el pelo rizado; **2.** Lleva barba; **3.** Es bajo; **4.** Tiene el pelo largo; **5.** Tiene los ojos marrones; **6.** Es gordo; **7.** Lleva gafas; **8.** Es guapo.

[23] **1.** jota; **2.** gato; **3.** Guadalajara; **4.** Jaén; **5.** rojo; **6.** lugar; **7.** jamón; **8.** naranja; **9.** cinco; **10.** zapato; **11.** Zaragoza; **12.** Cáceres; **13.** Valencia; **14.** cero; **15.** flamenco; **16.** aceite.

[24] Escuela, Portugal, bigote, Guillermo, blanco, suizo, gafas, joven, Venezuela, guapo, Gerardo, vieja, médico, azules, japonesa, castaña.

3 UNIDAD 3. Cosas de casa

[25] El apartamento es pequeño. Según entras, a la izquierda, está el dormitorio, y a la derecha hay un baño. La ducha está enfrente de la puerta y al lado de la taza de váter. Encima del lavabo no hay espejo. Enfrente del baño está el dormitorio, en él hay una cama y a la derecha de esta, una mesilla. La cocina está en el salón a la derecha, con vitrocerámica y frigorífico. En el salón hay una gran ventana, enfrente de esta hay una mesa y tres sillas; a la izquierda hay un mueble y, al lado, una mesa pequeña. El microondas está encima de la mesa. ¡Ah! Y en la pared, enfrente de la mesa y las sillas, hay un sofá cama.

[26] **Columna 1:** lámpara, vitrocerámica, frigorífico. **Columna 2:** microondas, mochila, flexo, alfombra, bañera, estantería, horno, perchero, váter, farmacia. **Columna 3:** estación, sofá, sillón, salón, televisión, bar.

4 UNIDAD 4. Cosas del tiempo libre

[27] ▷ ¿Algo más?

   ► Para mí, un café.

  ▷ ¿Me pone una ración de croquetas?

   ► ¿Quieren algo de comer?

  ▷ ¿Cuánto es?

   ► ¿Qué quieren tomar?

[28] **1.** al campo; **2.** la tele; **3.** a la videoconsola; **4.** al Messenger; **5.** al fútbol; **6.** en un restaurante; **7.** deporte; **8.** música; **9.** al campo; **10.** yoga.

[29] **A:** Hola, buenos días, ya sabéis que os vamos a hacer una encuesta de lo que hacéis los fines de semana.

B y C: Buenos días.

A: ¿Qué os gusta hacer los sábados por la mañana?

C: Los sábados por la mañana descanso y me gusta mucho leer. Mi mujer siempre quiere ir de compras, pero a mí no me gusta nada.

B: A mí me gusta conectarme al Messenger y hablar con mi hermana, que vive en Brasil. Y me gusta mucho comer en restaurantes de diferentes países.

A: ¿Y qué os gusta hacer los domingos?

C: Depende, pero especialmente por la tarde me gusta ir al cine.

B: A mí los domingos me gusta hacer muchas cosas, pero te voy a decir algo que no me gusta nada: hacer deporte. Es el único día que realmente puedo descansar.

A: Muy bien. Gracias por vuestra colaboración.

[30] ¡Hola! Me llamo Inés, vivo con mis padres y mis dos hermanos: Andrés y Julio. Mis hermanos y yo no tenemos los mismos gustos. A mi hermano Andrés le gusta mucho jugar al fútbol, por el contrario, a mi hermano Julio le gusta jugar al tenis. Yo prefiero ver los deportes en televisión.

Los fines de semana a mis hermanos les gusta hacer deporte, pero a mí me gusta leer: me gustan mucho los libros de aventuras.

A Julio y a mí nos gusta conectarnos al Messenger, pero a Andrés no le gusta nada.

A todos nos gusta ir a comer a restaurantes con nuestros padres, pero en la comida también tenemos diferentes gustos. A mis hermanos les gustan mucho las hamburguesas; a mí, en cambio, no me gustan nada.

5 Unidad 5. Cosas cotidianas

[31] **1.** Son las diez y diez; **2.** Es la una y veinte; **3.** Son las once y cinco; **4.** Son las seis menos diez; **5.** Son las cuatro menos cuarto; **6.** Es la una menos veinte.

[32] Hola, me llamo Agustín, soy médico. Os voy a contar qué hago en un día normal en mi vida. Todos los días me levanto a las siete y media. Es muy pronto ya lo sé, pero... Después me lavo y desayuno: café, zumo y tostadas. A las ocho salgo de casa y voy al hospital. A las dos como en la cafetería con los compañeros. Termino de trabajar a las cinco. A las cinco y media voy a clases de francés. A las ocho y media vuelvo a casa, me ducho y, más o menos a las nueve y media, ceno, veo la televisión un rato y leo un libro. Y, más o menos, a las doce y media me acuesto. ¡Uf!, ¡qué ganas tengo de tener vacaciones!

[33] **1.** **A:** ¿Y tú qué haces en un día normal?

B: Pues... me levanto a las siete de la mañana, desayuno fuerte: *colacao* y fruta. Después me ducho y voy al gimnasio, dos horas. Luego voy a jugar al baloncesto; vamos a entrenar. A las dos, como con mi familia. Por la tarde, normalmente, veo la televisión o escucho música y juego a la Play, que me gusta mucho. Por la noche ceno algo ligero y me acuesto pronto, sobre las once y media.

2. **A:** A ver, ¿y cómo es un día normal en tu vida?

C: Bueno..., pues yo no tengo días muy normales. Como sabéis soy actor y si no estoy haciendo una película, no me levanto muy pronto: a las once, más o menos, me ducho y desayuno. Después, estudio o leo algún guión. A las dos, más o menos, como con mi familia o con amigos. Por la tarde voy al gimnasio, vuelvo a casa, me ducho y salgo a cenar con amigos. Por la noche voy a alguna fiesta o a tomar unas copas. Me acuesto muy tarde, a las dos o a las tres. Y... así es un día en mi vida.

3. **A:** Nos puede decir: ¿cómo es un día normal en su vida?

D: Claro, mis días son muy tranquilos, ya soy muy viejo. Mira, por la mañana me levanto pronto, a las siete, desayuno y leo el periódico. Después, voy a dar un paseo por el parque. Normalmente como con mi mujer, a la una y media. Por la tarde, escribo y leo algún libro. Por la noche salgo a cenar a un restaurante y vuelvo a casa pronto. Normalmente me acuesto sobre las once.

[34] **1.** Los fines de semana, mi marido y yo comemos en algún restaurante; **2.** Los fines de semana no voy al cine, hay mucha gente; **3.** De lunes a viernes como con mis compañeros en el trabajo; **4.** Mi hijo empieza el colegio a las 9.30, por eso nos levantamos a las 8; **5.** Mis amigos nunca se acuestan pronto los fines de semana; **6.** No me gustan los gimnasios, no voy nunca; **7.** Los domingos es un día familiar, comemos toda la familia junta; **8.** Siempre veo la televisión por la noche.

Etapa 1

Cosas

Fichas y transparencias

Personas

Nombre: Juan
Nacionalidad: colombiano
Profesión: ingeniero
Edad: 32
Domicilio: Bogotá
Lenguas: español, alemán

Nombre: Susan
Nacionalidad: inglesa
Profesión: arquitecta
Edad: 27
Domicilio: Sevilla
Lenguas: inglés, español

Nombre: Paolo
Nacionalidad: italiano
Profesión: estudiante
Edad: 20
Domicilio: Roma
Lenguas: italiano, inglés, español

Nombre: Andrea
Nacionalidad: española
Profesión: fotógrafa
Edad: 40
Domicilio: Madrid
Lenguas: español, francés, alemán

Nombre: Sergio
Nacionalidad: argentino
Profesión: médico
Edad: 30
Domicilio: Málaga
Lenguas: español, inglés

Nombre: Mao
Nacionalidad: china
Profesión: profesor
Edad: 45
Domicilio: Berlín
Lenguas: chino, alemán

Nombre: Encarnación
Nacionalidad: venezolana
Profesión: informática
Edad: 31
Domicilio: Santander
Lenguas: español, árabe

Nombre: Steven
Nacionalidad: canadiense
Profesión: camarero
Edad: 22
Domicilio: Benidorm
Lenguas: inglés, español, francés

Nombre: Jumiko
Nacionalidad: japonesa
Profesión: estudiante
Edad: 25
Domicilio: Cádiz
Lenguas: japonés, español, inglés

Nombre: Lucía
Nacionalidad: española
Profesión: profesora
Edad: 38
Domicilio: Madrid
Lenguas: español, inglés, alemán

Nombre: Bruno
Nacionalidad: brasileño
Profesión: fotógrafo
Edad: 26
Domicilio: Bilbao
Lenguas: portugués, español, inglés, italiano

Nombre: Juan Francisco
Nacionalidad: panameño
Profesión: estudiante
Edad: 35
Domicilio: Granada
Lenguas: español, italiano

La familia de los nuevos compañeros

El marido de Yanina tiene 42 años.

El hijo de Yanina se llama Víctor.

El hijo de Yanina tiene 10 años.

Gabriela tiene 48 años.

El marido de Gabriela es cubano.

La hermana de Gerardo se llama Miranda.

La hermana de Gerardo es fotógrafa.

La novia de Hugo es inglesa.

La novia de Hugo es estudiante.

Federico vive en Buenos Aires.

Hugo tiene 23 años.

¿Qué día es hoy?

Alumno A

Hoy es

MIÉRCOLES 21

Alumno B

Hoy es

LUNES 26

Alumno C

Hoy es

VIERNES 2

Alumno D

Hoy es

MARTES 13

Alumno E

Hoy es

SÁBADO 31

Alumno F

Hoy es

JUEVES 22

Dominó del bar

barra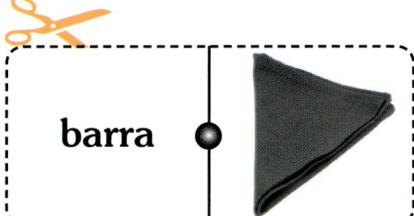

cuchillo

ración de calamares

taza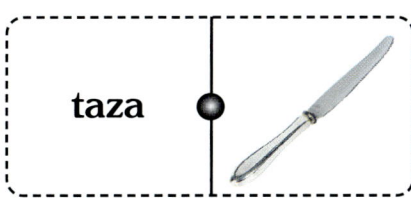

servilleta

zumo de naranja

cuchara

vino tinto

perrito caliente

palillos

pincho de tortilla

copa

bocadillo de queso

camarero

zumo de piña

cerveza

ración de gambas

UNIDAD 4 - Ficha 5

Bingo

Una familia española

NOTICIAS   Actualidad

8 de marzo, Día Internacional de la Mujer Trabajadora

LAS ESPAÑOLAS TRABAJAN FUERA DE CASA, PERO SIGUEN TENIENDO LA RESPONSABILIDAD DE LAS TAREAS DE CASA

LOCAL

Los centros comerciales se llenan los fines de semana, toda la familia va de compras, al cine y a comer o cenar en restaurantes de conocidas cadenas

SOCIEDAD

La tasa de natalidad sube gracias a la inmigración.
Tenemos 1,4 hijos por mujer

ACTUALIDAD INMOBILIARIA

Las familias españolas actuales prefieren vivir en urbanizaciones con pisos de 120 m²

La mayoría de los hombres españoles trabajan 40 horas semanales y normalmente en oficinas de grandes compañías

MOTOR

El transporte preferido de los españoles es el coche. Las industrias automovilísticas venden más que antes

Nuevos compañeros

► La clase de español

¿Cómo te llamas?
¿Cuántos años tienes?
¿A qué te dedicas?

► Cinco personas más de Hispanoamérica

Hugo   **Gabriela**   **Federico**   **Yanina**   **Gerardo**

► Otros invitados

Marta   **Samuel**   **Susana**

Países y nacionalidades

A/a (1) (9)	B/b	C/c	D/d	E/e (4)
F/f	G/g (3)	H/h	I/i (7)	J/j
K/k	L/l	Ll/ll	M/m	N/n (5) (8)
Ñ/ñ	O/o	P/p	Q/q	R/r (2)
S/s	T/t (6)	U/u	V/v	W/w
X/x	Y/y	Z/z		

País: Argentina.

La familia

El tema de hoy es la familia, así que voy a presentaros a la mía. Empezaré con los nombres. Hablaré despacio para que tengáis tiempo para escribir.

Mi padre se llama Pablo: pe-a-be-ele-o. Pablo. Mi madre, Elena. Tengo dos hermanos. Mi hermano mayor se llama Mario: eme-a-erre-i-o. Mario, y mi hermano pequeño, Óscar. Yo estoy en el medio, soy Samuel. Mis hermanos están casados. La mujer de Mario se llama Esperanza: e-ese-p-e-erre-a-ene-zeta-a: Esperanza. La mujer de Óscar se llama Marisa. Tengo 3 sobrinos: Héctor, Sergio y Andrea. Héctor: hache-e-ce-te-o-erre, es mi sobrino mayor, hijo de Mario y Esperanza. Mi sobrina más pequeña es Andrea: a-ene-de-erre-e-a-, hija de Óscar y Marisa.

Las habitaciones de Susana

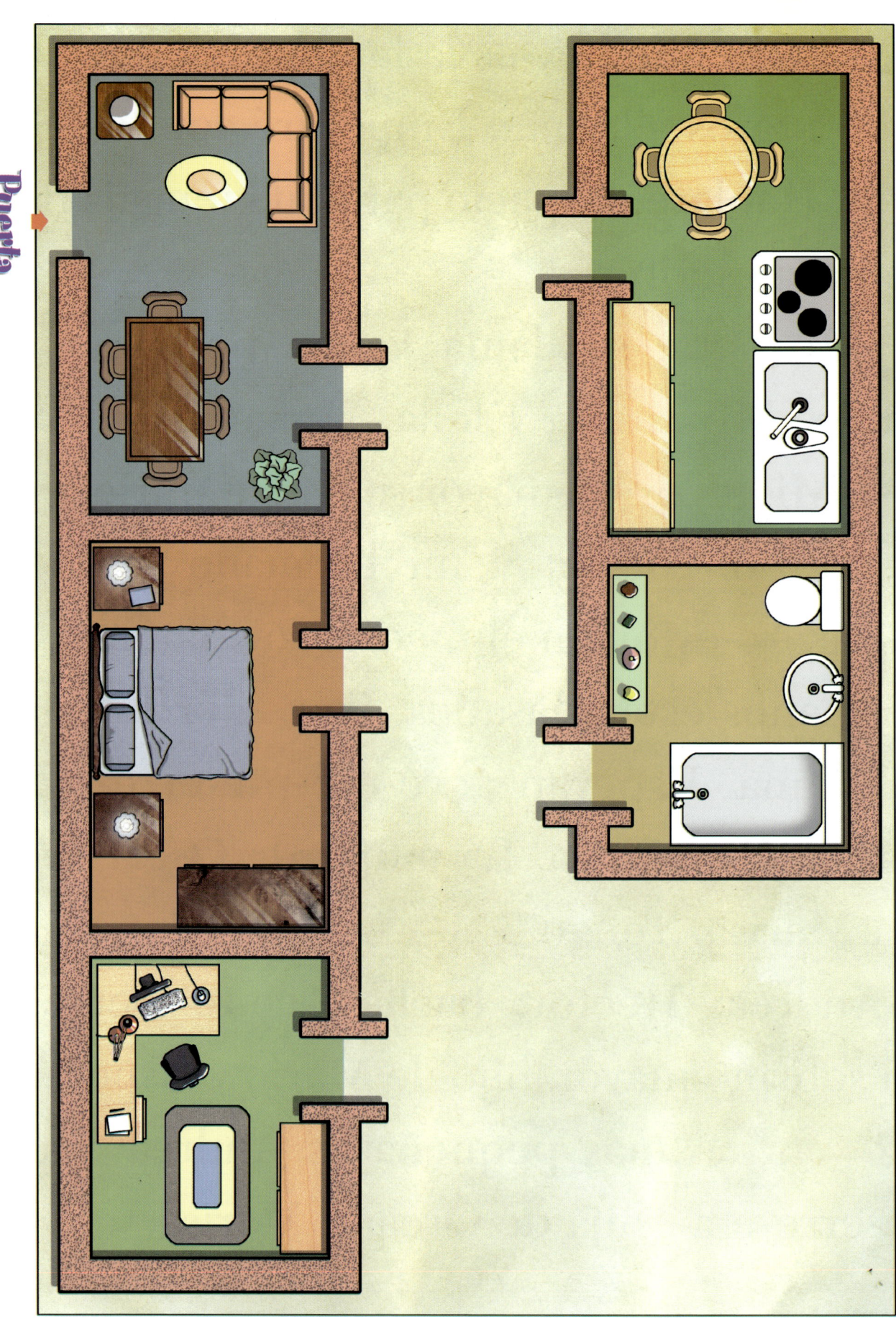

Puerta

El bar

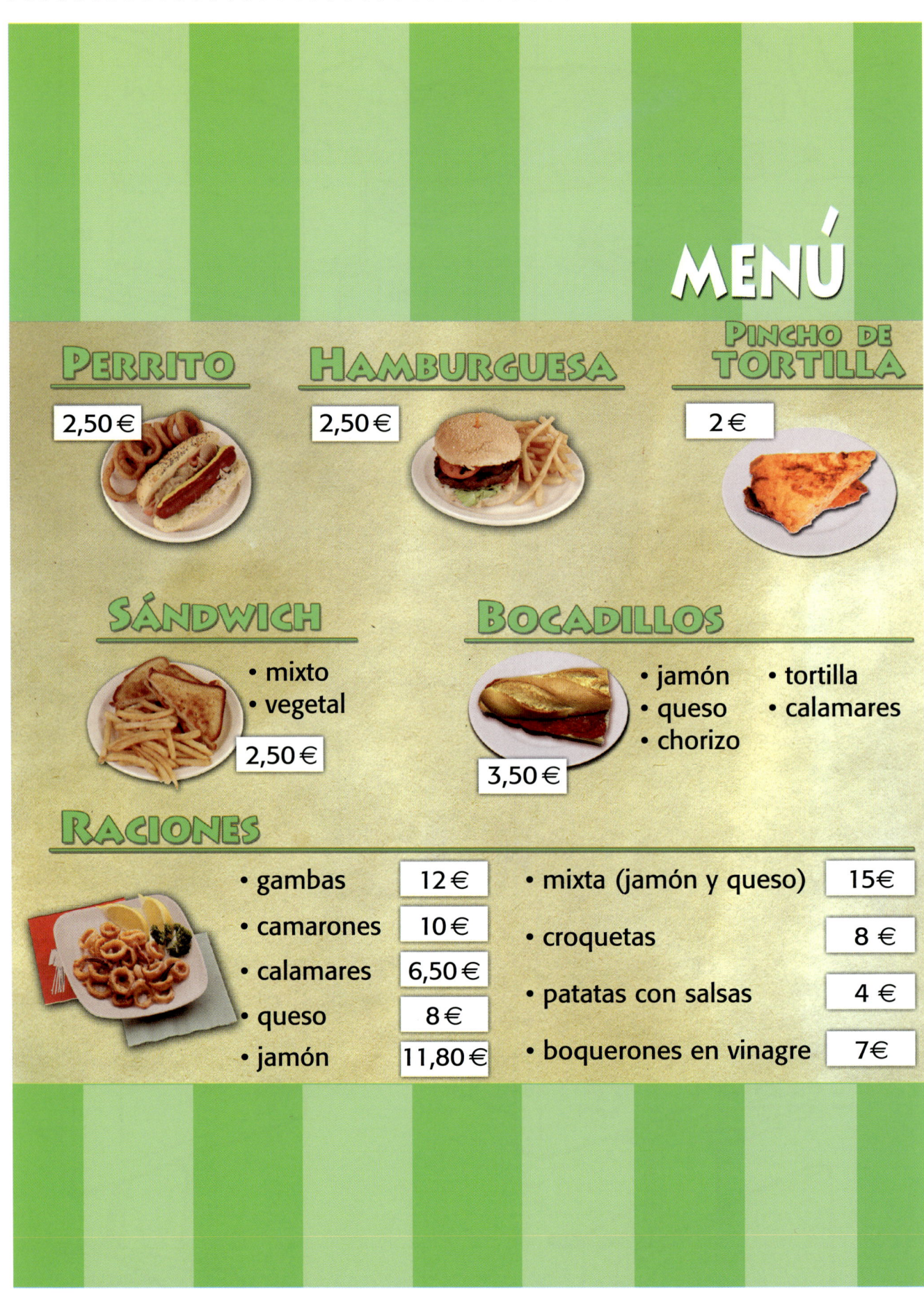

MENÚ

PERRITO
2,50 €

HAMBURGUESA
2,50 €

PINCHO DE TORTILLA
2 €

SÁNDWICH
- mixto
- vegetal

2,50 €

BOCADILLOS
- jamón
- queso
- chorizo
- tortilla
- calamares

3,50 €

RACIONES

• gambas	12 €	• mixta (jamón y queso)	15 €
• camarones	10 €	• croquetas	8 €
• calamares	6,50 €	• patatas con salsas	4 €
• queso	8 €	• boquerones en vinagre	7 €
• jamón	11,80 €		

Qué día

ETAPA I. Nivel AI.I | Material para transparencia 7 | Unidad 5 • Actividad 2.I.

© Editorial Edinumen

Expresar hábitos

Para hablar de las partes del día

mañana

• Por la

tarde

noche

Para situar acciones en el tiempo

A las ocho y media

Antes de salir de casa

Después de comer

Presente de indicativo

Forma regular del presente de indicativo

	Terminar	Comer	Escribir
(Yo)	termino	como	escribo
(Tú)	terminas	comes	escribes
(Él/ella/usted)	termina	come	escribe
(Nosotros/as)	terminamos	comemos	escribimos
(Vosotros/as)	termináis	coméis	escribís
(Ellos/ellas/ustedes)	terminan	comen	escriben

Verbos reflexivos

Levantarse

me levanto	nos levantamos
te levantas	os levantáis
se levanta	se levantan

ETAPA I. Nivel A1.I | Material para transparencia 8 | Unidad 5 • Actividad 2.2.

Edi numen

© Editorial Edinumen